Carl Haas

Die Hexenprozesse

Ein kulturhistorischer Versuch

Carl Haas

Die Hexenprozesse
Ein kulturhistorischer Versuch

ISBN/EAN: 9783743367364

Hergestellt in Europa, USA, Kanada, Australien, Japan

Cover: Foto ©ninafisch / pixelio.de

Manufactured and distributed by brebook publishing software
(www.brebook.com)

Carl Haas

Die Hexenprozesse

Die

Hexenprozesse.

Ein

cultur-historischer Versuch nebst Dokumenten

von

Dr. Carl Haas.

———————

Tübingen, 1865.

Verlag der H. Laupp'schen Buchhandlung.

— Laupp & Siebeck. —

Druck von H. Laupp in Tübingen.

Vorwort.

Hexenprozesse! — Sollte dieser Gegenstand nicht lieber der Vergessenheit anheimgestellt bleiben? — So wird Mancher fragen beim Titel dieser Schrift und er hätte Recht, wenn die traurige Erscheinung, welche hier vorgeführt wird, bereits gehörig beleuchtet und diese Beleuchtung in's Volk gedrungen wäre. Aber dem ist nicht so. Noch sehen Ueberaufgeklärte und Uebergläubige unserer Zeit die Hexenprozesse anerkannt falsch an und begegnen sich doch in einem Aberglauben, der zwar keine Hexerei ist und kein weltliches Gericht nach sich zieht, aber zu einem Fanatismus führt, der stets im Stande und je nach Umständen wohl aufgelegt ist, auf's

Neue mit Feuer und Schwert zu wüthen. Es gibt ja Tischklopfer und Fromme, welche nicht satt bekommen können am ungeheuerlichen Spucke!

Die Menschheit ist aber so lange vor einer Gefahr nicht sicher, so lange sie deren wahre Ursachen nicht kennt; denn davon hängt Heilung und Verwahrung ab

Darum hielten wir eine kleine Studie, die manches Neue über Hexenprozesse bringt, nicht für überflüssig

Der Verfasser.

Inhalt.

Dritter Theil.
Herenprozeß-Dokumente.

I. Theil.

Kurze Geschichte der Hexenprozesse Deutschlands.

Erstes Kapitel.

Name und Bedeutung des Wortes „Hexe."

Die anerkannte Klarheit und subtile Gründlichkeit, die uns Deutschen nun einmal eigen ist, ließe eine lange Abhandlung schon über den wunderlichen Namen erwarten. Gestehe ich es aber aufrichtig: gar wenig fand ich für die Erklärung dieses fatalen Wortes und selbst dieses Wenige von etwas unsicherem Gehalte. Mag dieser Umstand unserer Gelehrsamkeit Eintrag thun, der gesunden Vernunft thut er es wenigstens nicht. Denn es wäre gut, wir wüßten von der Sache so wenig als von ihrer Benennung.

Zwar gibt es patriotische Deutsche, die das Wort „Hexe" der deutschen Sprache nicht so leichten Kaufs entreißen lassen und da fanden sie glücklich heraus, daß das Wort ächt deutsch sei. Denn es gebe ein altdeutsches Wort „Hagapus", und ein althochdeutsches „Hazus", ein mittelhochdeutsches „Hegrse", ein schweizerisches „Hagsch" und ein englisches „Hag." — Nun Herz, was willst du mehr? — Da wir

Deutsche eben nicht blos mit den Engländern nahe ver=
wandt sind und zwar jetzt erst recht durch die dänische
Prinzessin, sondern auch direkt von den edlen Persern ab=
stammen und ich im Persischen troß meines orientali=
stischen Rufs kein' verwandtes Wort finden konnte, so
fiel mir glücklich bei, von den Persern zu den Griechen
zu gehen, wie ja diese Völker einander auch besucht
haben, und da fand ich: das Wort Here gehört den
Griechen und kommt her von ihrer alten Here, Hekate
genannt, einer Zauberin, die noch älter sein soll, als
die Here von Endor. Etwas Außerordentliches muß
an der Hekate gewesen sein, denn sie war ein verschwie=
genes und schweigsames Weib. Die Deutschen selber
waren nie Herenmeister, aber so exemplarische Ehemän=
ner, daß sie ihre Weiber für eine Art von Göttinnen
hielten und der Göttin Hekate nachbenamsten, weil sie
ihnen Beschwörung und Weissagung zuschrieben, wobei
ich nicht weiß, ob der Drudenfuß oder der daran be=
findliche Pantoffel das Meiste zu solch hohem Glauben
beigetragen. Vielleicht kommt das Wort vom griechischen
Hex, das 6 bedeutet: ruft doch der ehrliche Schwabe in
seiner Verwunderung gerne aus: Mein Sechs! Oder
ist es so ein Onematopoetikon, so ein nach der Bedeu=
tung gebildetes Wort, womit etwas unbegreifliches
Weibliches angedeutet werden soll. Here ist also so
viel als Weissagerin und Zauberin, ein Weib, das mit
Hilfe großer Geheimmittel und Geister etwas von der
Zukunft weiß und übermenschliche Dinge zu Stande
bringen kann, besonders durch einen Bund mit dem
Teufel. Nach dieser erschöpfenden Untersuchung über
Wort und Bedeutung können wir getrost weiter gehen.

Zweites Kapitel.

Aelteste Geschichte der Hexenprozesse.

Daß man solchen Weibsleuten den Prozeß mache, fand man zu verschiedener Zeit ganz in der Ordnung. Man wußte es gar nicht anders, als daß es zu allen Zeiten Hexen gegeben habe und geben werde bis zum Weltende. Aber sonderbar ist es, daß man sie so lange ruhig in aller Herren Ländern laufen ließ, wenn man sie auch nicht mehr ehrte wie im Heidenthum und daß man so lange von der Hauptsache, nämlich von ihrem Hauptverbrechen, einem Bunde mit dem Teufel nichts zu wissen schien. Denn erst 1276 Jahre nach Christi Geburt ist zum Erstenmale die Rede von einem solchen Bunde mit dem Teufel. Wie die Sache so lange verschwiegen bleiben konnte, ist unerklärlich. Doch hat man, wie wir sehen werden, das Versäumte redlich nachzuholen sich bemüht.

Woher stammt denn wohl der Glaube an Hexerei oder Zauberei? wie alt ist er? Er stammt aus der Wiege des Menschengeschlechts, aus Asien, und ist wohl fast so alt als die Menschheit: wenigstens reicht er in die ersten schriftlichen Ueberlieferungen zurück. Wohl jedes Land der civilisirten und uncivilisirten Erde hatte und hat seine Hexenliteratur und Sagen aller Art über Zauberei. So auch Deutschland; aber deswegen ist es doch völlig unwahr, wenn man behauptet, Deutsch=land sei das Mutterland dieser traurigen Erscheinung: es hat allerdings wie im Guten so auch in dieser Ver=irrung nach gewohnter Weise kräftig mitgewirkt. Jene Abart der Zauberei, die wir magischen Unsinn nennen,

z. B. Goldmachen, Lebensverlängerungselixire, Nativi=
tätstellen u. dgl., die vom Mittelalter an bis in un=
sere Zeit herein ihre Charlatanrolle spielten, sind grie=
chischen Ursprungs, durch die Römer zu uns gekommen.
Von dieser Magie finden wir im ganzen alten Testa=
mente so wenig als von dem Glauben an jene Zauberei
und Hexerei, welcher zu den schauerhaften Hexenpro=
zessen geführt hat.

Es gibt und gab freilich Leute, die den crassesten
Hexenglauben aus der hl. Schrift herausfanden, weil
sie nicht merkten, daß s i e ihn hineingetragen. Ein ge=
sunder Blick in die Bibel findet solch Krankhaftes nicht
darin. Wie die Römer bei den Griechen, so waren
diese bei den Persern in die Schule gegangen und ver=
standen es, mit ihrer Phantasie das Zauberwesen in
dem Olymp wie auf der Erde einzubürgern. Neben
ihren Weisen mußte es auch Narren geben: jene hüllten
ihren Glanz in Schatten und diese blieben beim Schat=
ten stehen und pflanzten Nachtschatten. Daß man aber
in Griechenland das Hexenwesen und Gesetze und Straf=
verfahren aufgebracht, ist unerweislich und unwahrscheinlich.

Bei den Römern wird die Sache praktischer und
handgreiflicher; denn da finden wir Strigen, Lamien
und Empusen, was so ziemlich unsere Hexen nach
ihren verschiedenen Seiten oder Künsten bedeutet. Aber
so weit als die spätere Zeit brachten es die Römer in
diesem Stücke nicht und hatten daher weder Hexenpro=
zesse noch ein darauf bezügliches Strafverfahren. Ein
schiefes Christenthum übertrifft in der Regel das ver=
irrteste Heidenthum; denn der schrecklichste der Schrecken
ist der Mensch in seinem Wahn, der furchtbarste Wahn

ist aber der, der an die Stelle einer mißhandelten Wahr=
heit tritt; wie dieß der Ebräerbrief so schön und wahr
ausdrückt in seinem 6. Kap. vom 4—8. Verse, oder
Christus im Evangelium des Lukas, 11. Kap., V. 24—26.

Von einem einzigen Hexenprozesse bei den Römern
habe ich gehört. Zur Zeit der Kaiser heirathete Apu=
lejus von Madaura eine Wittwe. Der Prokonsul von
Afrika, der vielleicht statt der Wittwe einen Korb ge=
holt hatte, klagte den Apulejus an, er habe die Wittwe
durch böse Künste gewonnen. Apulejus aber bewies,
daß man eine Wittwe ohne alle böse Künste zur Frau
bekommen könne und zeichnete den ganzen Unsinn einer
solchen Anklage so, daß er frei gesprochen wurde. So
glücklich wäre es ihm später in vielen Ländern Europa's
nicht gegangen. Wie hierauf die Christen das Hexen=
wesen ansahen, das werden wir weiter unten erfahren.
Nur das sei hier schon bemerkt: weder das neue noch
das alte Testament, noch die Kirche, weder die schrift=
liche, noch die mündliche Tradition der Christenheit ken=
nen das später auftauchende Hexen= und Zauberwesen.
Die Kirchenväter eiferten gegen solchen Wahn und die
christliche Gesetzgebung unter den Kaisern trat ihm stra=
fend entgegen: man sah ihn als etwas Heidnisches an
und darnach ward er verurtheilt. — Die Kirche aber
bediente sich zur Unterdrückung solcher Reste des Hei=
denthums bis in's dreizehnte Jahrhundert keiner anderen
Mittel als der Belehrung, der Disciplinarstrafen bis
zur Exkommunikation und nie stellte sie eine Verfolgung
in jener Zeit an, noch forderte sie blutige Bestrafung
vom weltlichen Arme. Das geht aus den Akten der
damaligen Provinzialsynoden hervor.

Anders verhielt es sich in damaliger Zeit mit der
bürgerlichen Gesetzgebung: da finden wir verschiedene
strenge Gesetze und Strafen gegen Zauberei. Das sin=
kende Haus der Merovinger hat sich auch in diesem
Punkte ein trauriges Gedächtniß gestiftet. Die Königin
Fredegund verliert an einer Epidemie zwei Söhne und
ließ sich einreden, ihr verhaßter Stiefsohn Chlodwig
habe diese seine zwei Stiefbrüder durch die Zauberei
eines Weibes aus dem Wege geräumt. Unter den Qua=
len einer langwierigen Folter gestand das Weib natür=
lich, was man wollte und der König Chilperich gab
nun auch seinen Sohn Chlodwig der Rache seines Wei=
bes preis. Der Prinz ward erstochen und das Weib
trotz ihres Widerrufs lebendig verbrannt. Eben dieselbe
Fredegund ließ den Majordomus so foltern, daß er an
den Folgen alsbald starb, weil sie wieder einen Sohn
verloren und nun etliche Weiber mittels der Folter zu
dem Bekenntnisse gebracht hatte, daß sie den Prinzen
durch Zauberkünste für das Wohlergehen des Major=
domus hingeopfert haben.

Allerdings wurden im fränkischen Reiche zu jener
Zeit die Zauberer erdolcht, verbrannt, gerädert, ent=
hauptet, aber nicht auf Grund einer Straforbnung oder
Gesetzgebung, sondern zu Folge der Laune der Macht=
haber. Die fränkische Praxis war viel besser als die
der Merovinger.

Schon in der lombardischen Gesetzgebung, die älter
als die Karl's des Großen ist, lesen wir den bemer=
kenswerthen Satz: „Niemand erlaube sich, die Leibeigene
eines Anderen, weil sie eine Hexe, zu tödten, da ein

Christ es niemals für möglich halten darf, daß ein
Weib einen lebenden Menschen verzehren kann."

Drittes Kapitel.

Die karolingische Zeit bis zum Hervortreten der Hexenprozesse.

Der Klerus dieser Periode zeichnete sich just nicht
durch hohe Gelehrsamkeit aus, aber er suchte seine be=
schränkten Kreise mit Eifer und Liebe auszufüllen und
darin ging auch der große Kaiser Karl Hand in Hand
mit ihm. Es war eine richtige, später leider wieder
verwischte Aufklärung, wenn seine Kapitularien aner=
kannten, daß sogenannte Hexen= und Zauberwesen sei
heidnischer Aberglaube. So lesen wir, um nur ein
Beispiel anzuführen, in einer seiner Verordnungen:
„Glaubt Jemand, vom Teufel betrogen, nach heidnischer
Weise, ein Mann oder ein Weib sei eine Hexe und
esse Menschen, und verbrennt er sie deßhalb und gibt
ihr Fleisch zum Verzehren, soll er am Leben bestraft
werden." Die Zauberer wollte er eingezogen wissen,
um sie zu belehren und zu bessern und nur, wenn sie
hartnäckig auf ihrem Unsinn beharren, soll man sie mit
Gefängniß, aber ja nicht am Leben strafen. Ein
Aachener Concil jener Zeit erklärt: „Wenn Jemand
glaubt, es stehe in der Gewalt eines Anderen, daß ohne
die Einwirkung des Schöpfers seine Gestalt verändert
worden, so ist er ungläubiger als ein Heide."

Man sieht, welch' große Rückschritte spätere Zeiten
in dieser Sache gemacht haben, so daß man die für un=
gläubiger als die Heiden halten wollte, die dem Wuste

der Hexenriecherei nicht beipflichten mochten. Es geht eben im Großen wie im Kleinen, im Individuen= wie im Völker=Leben: Ebbe und Fluth im Guten und Schlim= men wechseln auch im sittlichen und intellectuellen Leben mit einander ab. Dagegen setzte der byzantinische Kaiser Leo, hundert Jahre nach dem abendländischen Kaiser Karl, die Todesstrafe auf alle angeblichen Zauberübungen. Noch 400 Jahre lang kamen im Abendlande fast keine Hinrichtungen von Zauberern und Hexen vor und die wenigen, die vorkamen, waren ungesetzlich, ja der alte Hexenglaube scheint sich zu vermindern. — Schön und wahr sagt Soldan: „Mit einem gewissen Gefühle der Befriedigung dürfen wir Abschied nehmen von dem Zu= stande der Dinge im Abendlande, wie er dem Schlusse des zwölften Jahrhunderts entgegengeht. Wie schwer auch immer die Uebel seien, die in anderer Hinsicht diese Zeit belasten, in einem Stücke ist's besser gewor= den. Die Blutgesetze der christlich=römischen Kaiser sind vergessen; Staat und Kirche haben sich verbunden zu ernster, aber menschlicher Zucht für den bösen Wil= len oder die Thorheit; Concilien und Lehrer haben man= chen althergebrachten Irrthum bekämpft und wenn auch nicht dem Zauberglauben überhaupt, doch dem Hexen= glauben so viel Boden abgerungen, daß dieser in der Folgezeit nur fast schrittweise das Verlorene wieder er= werben kann. Nur am Hofe von Byzanz vollendet sich zu blutiger Consequenz, was Constantin und seine nächsten Nachfolger in glücklicher Halbheit gelassen hatten."

Viertes Kapitel.

Beginn und Verlauf der Hexenprozesse.

Aus den Resten altheidnischen Aberglaubens bildet sich der neuheidnische, um vollständiger und schrecklicher als sein Vater zu werden. Das Wettermachen, Gestaltverändern, Krankheitenanhängen, unbegreifliches Curiren u. dgl. hatte sich in Folge allerlei Ketzereien und deren grausamen Verfolgungen erst zum Wahne eines Teufelsbundes ausgebildet und dieser sich alsbald zum Aberglauben der Teufelsbuhlschaft gesteigert. Das erste Beispiel soll im Jahre 1275 zu Toulouse vorgekommen sein. Unter den dort lebendig Verbrannten war auch die sechsundfünfzigjährige Angela, Herrin von Labarthe. Sie gestand, ohne Zweifel auf der Folter oder im Angesicht derselben, sie habe allnächtlich fleischlichen Umgang mit dem Satan gepflogen und daher ein Ungeheuer mit Wolfskopf und Schlangenschwanz geboren, zu dessen Ernährung sie in jeder Nacht kleine Kinder habe stehlen müssen. Doch minderten sich in Frankreich die Hexenprozesse wieder, noch bevor sie in Deutschland in ihrer größeren Ausdehnung auftreten. Und hier hat die Kirche das unstreitige Verdienst wahrer Aufklärung; denn schon Papst Alexander IV. (1254—61) suchte durch seine Verordnung das Zuweitgehen der Inquisition zu beschränken, einen geordneten Rechtsgang herzustellen und möglichste Milde eintreten zu lassen. Die Synode von Langres aber im Jahre 1404 trat dem Hexenwahne entschieden entgegen, indem sie nicht Strafen, sondern Belehrung und Disciplin für solche Vorkommnisse vorschrieb und sie als Betrügereien darstellte. Zugleich war es sehr klug, sehr milde Büßungen auf=zustellen und dem Glauben entgegen zu arbeiten, daß der Mensch, der sich dem Teufel ergeben habe, durch keine Reue und Buße mehr dem Teufel entrissen wer=den könne.

Bis in das 15. Jahrhundert kamen, wie Wächter sagt, in Deutschland wohl da und dort Prozesse wegen Zauberei vor und wurden Zauberer und Zauberinnen verurtheilt. Vom Ende des 15. Jahrhunderts an ist Deutschland von einer wahren Hexenepidemie ergriffen. Da die Bulle Innocenz VIII. vom 5. Dezember 1484 und nachher das Buch „der Hexenhammer" erschie=nen, so wollte man kurzweg diesen beiden die Schuld aufbürden, was aber historisch falsch ist. Denn der volle Wahn war bereits da und die Deutschen berichteten so an den Papst, wie er denn richten mußte.

Gegen Ende des 15. Jahrhunderts waren für Ober=deutschland Heinrich Krämer (Institor) und Jakob Sprenger, Professoren der Theologie, als Wächter und Richter der Ketzerei bestellt und diese drängten dem Papste fragliche Bulle ab und verfaßten sodann den Malleus maleficarum, den Hexenhammer, im Jahre 1487, ein Werk, das sich durch die Behauptung, Hexereien nicht zu glauben, sei die größte Ketzerei, hinlänglich charakterisirt. Man wird darin belehrt, daß es mit dem Zauberwesen seine volle Richtigkeit habe; warum das weibliche Geschlecht sich diesem Verderben vorzugsweise hingebe, der Unsinn der Incuben und Succuben fest=gesetzt. Folgen sodann Widerlegungen vernünftiger

Einwände z. B. warum die Hexen nicht reich werden? Weil der Teufel zur Schmach des Schöpfers den Menschen so wohlfeil als möglich acquiriren will. — Warum die Hexen den Fürsten nicht schaden? Weil sie mit den Fürsten in gutem Vernehmen bleiben wollen. — Der zweite Theil des Hexenhammers beschreibt die Aufnahme der Zauberer, ihr Gelöbniß, ihre Sünden und bösen Künste. — Die kirchlichen Heilmittel gegen Zauberschäden. — Der dritte Theil behandelt das gerichtliche Verfahren. Wie dieß beschaffen war, läßt sich daraus schon schließen, daß bereits beinahe Jedermann überzeugt war, daß Hexerei eine ganz ausgemachte und im Schwange gehende furchtbare Sünde sei, zu deren Entdeckung und Bestrafung jedes Mittel, ja jeder Kniff und jede Grausamkeit benützt werden dürfe und müsse. Der römische Kaiser Maximilian I. gab den Verfassern des Hexenhammers ein Patent und die theologische Facultät zu Köln approbirte das traurige Buch, wiewohl mit einiger Zurückhaltung. Nun schien Alles in Ordnung und zu Recht zu bestehen: der Wahn hatte eine legale Uniform sich angelegt und die Hexerei ward für ein Ausnahmsverbrechen erklärt und darnach behandelt. Hat man sich durch den Unsinn der zwei ersten Theile des Hexenhammers durchgearbeitet, so empört der dritte gerabezu jedes Rechtsgefühl. Hiefür nur ein Beispiel. Weil die Hexen gar oft aus Furcht vor der Todesstrafe nicht bekennen wollen, so werden allerlei Vorschläge gemacht, wie man ihnen versprechen könne, daß sie am Leben bleiben dürfen, wenn sie geständen, ohne daß man dieses Versprechen halten müsse; es könne z. B. ein Richter dieses Versprechen ablegen und dann das Todesurtheil durch einen anderen Richter fällen laſſen (Tertii sunt, qui dicunt, judicem secure posse in conservationem vitae compromittere ita tamen, ut expost a sententia ferenda se exoneraret et in suum locum alium substitueret. Malleus maleficarum, Nürnberg 1519, Fol. 124. B.). — Ein ganzes Buch könnte man allein darüber ſchreiben, was man nun für Verbrechen entdeckte und weil ſie von Angeklagten, wenn auch nur durch die fürchterlichſten Qualen erpreßt, eingeſtanden worden waren, geglaubt und beſtraft wurden. Mit Schmerz und Unwillen wendet man ſein Auge ab von dem ſchrecklichſten der Schrecken, vom Menſchen in ſeinem Wahne. Es gibt kaum einen Unſinn oder ein grauſiges und ſchmutziges Phantaſieſtück, das nicht zu einem Bilde entworfen und als Wahrheit ausgegeben worden wäre. Es ſchützte kein Alter, kein Geſchlecht, kein Stand, keine Tugend, ſo daß man freilich jetzt mit Recht ſagen kann: da' mußte die Hölle im Spiele, eine ſolche Verblendung und Wuth kann nur ſataniſch ſein, eben weil an der Hexerei nichts war, wenigſtens nichts Reales; wenn man auch zugibt, daß zu allen Zeiten Hexereiverſuche gemacht worden ſind. So wenig als ich gewiſſe zu Protokoll genommene und wie man ſagte einbekannte Verbrechen dem Leſer vorführen mag, weil ſie dem Verſtande der Menſchheit zur Schmach gereichen, ſo wenig mag ich die unglaublich grauſamen, ekelhaften und ſchamloſen Qualen und Torturen bei den Hexenprozeſſen jener Zeit verzeichnen, weil ſie dem Herzen der Menſchheit zur Schande gereichen. Können Jahrhunderte ſo tief fallen? Kann die Menſchheit bis zu ſolchem Grade entwerthet werden? Alle Leiden und Plagen, die über den

Einzelnen oder ganze Völker ergehen, haben zuletzt ihren Sinn, Zweck und Nutzen; was aber gewann man durch die Hexenprozesse? Bis jetzt noch nicht einmal so viel, daß wir vor ähnlichen Erscheinungen ganz sicher sein können.

Zwischen der ersten Einkerkerung der Here bis zu ihrem letzten Athemzuge liegt ein unbeschreiblicher Weg voll Jammer und Elend. Ist es da ein Wunder, wenn selbst die Unschuld zusammenbrach und man Alles zu Protokoll bekam, was man wünschte, wie z. B. Kinder von 7—11 Jahren angaben, wie oft sie vom Teufel geboren haben. In wahrer Monomanie suchte und fand man. Bald schlug sich dazu noch Rache, Feindschaft, Wohllust und Habgier; denn Leib und Seele, Gut und Habe der Hexen waren verfallen und dem Raube vollständig preisgegeben. In allen Ländern lief es voll von Spähern: wen man wollte, zog man ein und wer eingezogen war, mußte um jeden Preis überführt werden. Sah die eingezogene Person dem Richter in die Augen, so las er darin den Teufelsspuck; sah sie ihm nicht in die Augen, so war sie verdächtig; schlief sie lange, so war das ein Beweis, daß sie die Nacht über bei einem Hexentanze gewesen; war sie traurig, so deutete das auf ihr Verbrechen; war sie heiter, so hatte das der Teufel bewirkt; ob sie erschrocken oder gefaßt war bei ihrer Verhaftung — beides bezeugte ihre Schuld; hatte sie früher kein ganz ehrbares Leben geführt, so war das ein Beweis ihres Bundes mit dem Teufel; hatte sie bisher ehrbar und fromm gelebt, so war das nur ein Mittel zur Verheimlichung jenes Bundes gewesen; gestand sie, so mußte sie elend sterben; gestand sie nicht, sich entweder zu todt martern oder endlich an Leib und Seele ganz gebrochen zum falschen Geständnisse und dann erst zum Tode sich bringen lassen.

Die Hexenprozesse und ihre unvertilgliche Schmach kann kein Land dem andern, kein Glaube dem andern, kein Stand dem andern in die Schuhe schieben; denn er wüthete in allen europäischen Ländern; er war in katholischen wie in akatholischen Landen zu Hause; der Theolog, Philosoph, Jurist, Arzt, Bürger und Bauer war von diesem Wahne ergriffen wie die untersten Volksschichten. Es sei mir erlaubt, die vor mir liegenden Berichte über jene Justizmorde einzelner Länder zu übergehen: zu Tausenden fielen solche Opfer in Deutschland. Nur zwei Bemerkungen, weil historisch wahr und beachtenswerth, muß ich machen: Württemberg und Schwaben überhaupt hatte verhältnißmäßig die wenigsten Hexenprozesse und scheint sie am mildesten behandelt zu haben, und die traurigste Zeit Deutschlands, die des 30jährigen Krieges, zeigt die vollste, schrecklichste Ausdehnung der Hexenprozesse in den deutschen Ländern.

Fünftes Kapitel.

Das Ende der Hexenprozesse.

Je schwerer die Krankheit, desto schwerer die Kur und desto länger die Leiden und Nachwehen. War man darüber einig, an der Hexerei dürfe nicht gezweifelt werden, so fehlte es natürlich in keinem Land an gelehrten und ungelehrten Leuten, welche mit Schrift und Wort Beweise aller Art für den Hexenglauben vorbrachten; denn was kann Menschensinn und Unsinn nicht beweisen? Und doch wie vielen Gutdenkenden mag das Herz geblutet haben, wie vielen Verständigen der Aerger fast unerträglich geworden sein bei solchen Wuthausbrüchen der Menschheit! Aber wer wollte es wagen, Widerspruch zu erheben? wer konnte hoffen, diesen Höllenpfuhl zu vernichten? Es mußte lange anstehen, bis der Mann kam, der so etwas unternehmen, und die Zeit so weit war, daß sie so etwas erfassen konnte.

Der erste Ehrenmann, der wider das Unheil seiner Zeit und früherer Jahrhunderte auftrat, war der Jesuit Friedrich Spee, geboren im Jahre 1595 aus einer heute noch am Niederrhein blühenden Familie, dem adeligen Geschlechte von Langenfeld, auch ein namhafter Dichter. Wohl hatte ein Priester vor ihm, Cornele Loos, gestorben zu Mainz im Jahre 1593, gegen das Hexenwesen geeifert und auch ein Zeit- und Ordensgenosse Spee's, der Jesuit Adam Tanner (gestorben 1632), sich dagegen verwendet. Aber den eigentlichen Kampf dagegen eröffnete Spee mit seiner Schrift: „Cautio criminalis, oder ein zu dieser Zeit nothwendiges Buch an die Magistrate Deutschlands, dann auch sehr nützlich zum Lesen für Räthe und Beichtväter der Fürsten, Inquisitoren, Richter, Advokaten, Beichtväter der Angeklagten, Prediger und Uebrige." Das Buch erschien erstmals zu Rinteln im Jahre 1631. Leibnitz erzählt uns von Spee: „Dieser große Mann verwaltete in Franken das Amt eines Beichtvaters, als im Bambergischen und Würzburgischen viele Personen wegen Zauberei verurtheilt und verbrannt wurden. Johann Philipp von Schönborn, später Bischof zu Würzburg und zuletzt Kurfürst von Mainz, lebte damals zu Würzburg als junger Canonicus und hatte mit Spee eine vertraute Freundschaft geschlossen. Als nun einst der junge Mann fragte, warum wohl der ehrwürdige Vater ein graueres Haupt habe, als seinen Jahren gemäß sei, antwortete dieser: das rühre von den Hexen her, die er zum Scheiterhaufen begleitet habe. Hierüber wunderte sich Schönborn und Spee löste ihm das Räthsel folgendermaßen: Er habe durch alle Nach= forschungen in seiner Stellung als Beichtvater bei kei= nem von denjenigen, die er zum Tode bereitet, etwas gefunden, woraus er sich hätte überzeugen können, daß ihnen das Verbrechen der Zauberei mit Recht wäre zur Last gelegt worden. Einfältige Leute hätten sich auf seine beichtväterlichen Fragen, aus Furcht vor wiederholter Tortur, anfänglich allerdings für Hexen ausgegeben, bald aber, als sie sich überzeugten, daß vom Beichtvater nichts zu besorgen sei, hätten sie Zutrauen gefaßt und aus ganz anderem Tone gesprochen. Unter Heulen und Schluchzen hätten Alle die Unwissenheit oder Bosheit der Richter und ihr eigenes Elend bejammert und noch in ihren letzten Augenblicken Gott zum Zeugen ihrer Unschuld angerufen. Die häufige Wiederholung solcher Jammerscenen habe einen so tiefen Eindruck auf ihn gemacht, daß er vor der Zeit grau geworden. Als Schönborn mit Spee immer vertrauter geworden war, gestand ihm dieser, daß er der Verfasser der Cautio criminalis sei. In der Folge wurde Schönborn Bischof und Reichsfürst und so oft eine Person der Zauberei bezüchtigt wurde, zog er, eingedenk der Worte des ehr= würdigen Mannes, die Sache vor seine eigene Prüfung und fand die von jenem ausgesprochenen Warnungen nur

allzu begründet. So hörten in jener Gegend die Men=
schenbrände auf."

So bald indeß leider doch noch nicht: die Katholi=
ken verbrannten zu Würzburg die Nonne Maria Re=
nata, Supriorin des Klosters zu Unterzell, als Hexe im
Jahre 1749; zu Quedlinburg ward im Jahre 1750
eine Frau als Hexe erwürgt und sodann verbrannt, im
Jahre 1783 wurde ein Mädchen im protestantischen
Glarus wegen Zauberei hingerichtet; 1793 zwei Weiber
als Hexen im Posenschen verbrannt. Bis jetzt und
hoffentlich auf immer der letzte Fall!

Spee mußte sein Buch im Dunkel der Anonymi=
tät erscheinen lassen. Er bekämpft darin nicht die Hexerei
als Wahn, sondern das Verfahren dabei. Er geißelt
übrigens auch den Aberglauben des Pöbels und dessen
Gehässigkeit, die Habsucht, Unwissenheit und geistige Un=
selbstständigkeit der Richter, den Leichtsinn der Fürsten,
die Beschränktheit und den Fanatismus der Geistlichen,
die Trüglichkeit der sogenannten Indicien, die Unge=
mäßheit und Fabelhaftigkeit der angeblichen, theils ab=
gefolterten, theils überlieferten Thatsachen, die Grau=
samkeit der Tortur und überhaupt die Unregelmäßigkeit
und Nichtigkeit des ganzen Verfahrens. — Spee starb
zu Trier im Jahre 1635, ein Opfer seiner Menschen=
liebe in der Verpflegung verwundeter und kranker Fran=
zosen.

Nach Spee gebührt die Ehre wahrer Aufklärung
dem protestantischen Professor Christian Thomasius, ge=
boren zu Leipzig am 1. Januar 1655, der Hexen=
prozesse und Folter kräftig bekämpfte. Ihm reiht

sich Balthasar Bekker, reformirter Pastor zu Amsterdam, mit seinem 1691—1693 erschienenen berühmten Werke „Bezauberte Welt" an, nur daß er vom rationalistischen Standpunkt aus die Sache damit abmacht, daß er die Existenz des Teufels gänzlich leugnet, wogegen Göthe richtig bemerkt, daß nicht leicht eine Lehre so deutlich als die vom Teufel in der heiligen Schrift ausgesprochen sei. Doch hierüber weiter unten.

Auch Peter Bayle verdient als Bekämpfer des Aberglaubens genannt zu werden und doch gibt er die Realität der Zauberei zu und spricht über ihre Strafwürdigkeit. — Indessen verschwanden die Hexengräuel in Deutschland, wie überhaupt in Europa. Aber schreckliche Nachzuckungen erfolgten noch bis in unsere Tage hinein durch Pöbelwahn und Pöbeljustiz. — Und leider gibt es Gebildete und Ungebildete, die noch an die Realität der Zauberei steif und fest glauben. In so fern ist es wahr, was Soldan zum Schlusse seines Buchs „Geschichte der Hexenprozesse" S. 286 sagt, es könne wieder so weit kommen, daß Pöbelhaufen die Obrigkeiten zwingen, nach der Carolina und dem Malleus (Hexenhammer) Recht zu sprechen.

Sechstes Kapitel.

Schluß des geschichtlichen Theils und Verwahrung.

In gedrängtester Kürze führten wir die Geschichte des Hexenprozesses dem Auge des Lesers vorüber. Denn ausführlichere Bücher darüber und vollständige Geschichten derselben gibt es fast aus allen Jahrhunderten und das Wichtigste haben Soldan und Wächter in ihren schon genannten Werken uns verzeichnet. Uns ist es mehr um die richtige Ansicht über diese beweinenswerthe Erscheinung zu thun. Denn das ist gewiß: keine Krankheit des Menschen, kein Leiden des Individuums, keine Plage der Völker, keine Heimsuchung der Menschheit, keine Verirrung der Zeit kann gehoben werden, so lange man den Entstehungsgrund oder die Ursachen nicht kennt, mögen auch die Wirkungen auf offener Hand liegen.

Bevor wir aber diesem Entstehungsgrunde oder den Ursachen der Hexenprozesse nachgehen, worin auch ihre Heilung liegt, müssen wir noch eine kleine Verwahrung einlegen. Mit Vorwürfen und Recriminationen wird weder etwas gut gemacht noch erklärt. Vergeblich ist es, daß der Theolog behauptet, eine schlechte Rechtswissenschaft habe die meisten Scheiterhaufen dieser Menschenbrände angezündet. Vergeblich, daß der Jurist die Theologen als Ketzerrichter anklagt: die ganze Zeit hat geirrt, Alle haben gefehlt. Bemerkenswerth ist, daß unter den Ordensleuten jener Orden am ehrenhaftesten den Hexenprozessen gegenüber steht, welcher so lange das wissenschaftliche Leben am würdigsten repräsentirte, nämlich der Benediktiner-Orden, während Päpste und Bischöfe, Aebte und Professoren geirrt haben. Die Päpste können unbeschadet ihrer Stellung irren und haben gar oft geirrt, wenn sie falsche Berichte erhalten. Noch kein Papst hat sich für absolut unfehlbar ausgegeben. Was die hl. Schrift und eine gesunde Theologie darüber lehrt, werden wir weiter unten sehen.

Die Frage scheint uns hier nicht umgangen wer-

ben zu dürfen: **Wie hat die Kirche sich in ihren offiziellen Aussprüchen und Organen,
d. h. auf Concilien über das Hexen- und
Zauberwesen ausgesprochen?**

Was und so weit wir darüber etwas gefunden
haben, kommt auf Nachfolgendes hinaus.

Zu Gunsten der Kirche beruft man sich vor Allem
auf den sogenannten Canon Episcopi im Gratianischen
Decretum B. II. Caus. XXVI. Quaest. V. c. 12.
Der Ueberschrift zufolge soll er unter den Beschlüssen
der Synode von Ancyra (im Jahre 314) vorkommen,
den Bischöfen zur Pflicht machen, auf die Ausübung
der magischen Künste ein wachsames Auge zu haben
und die, welche sich daran betheiligen, aus der Kirchen-
gemeinschaft auszuschließen. Insbesondere habe man
auf gewisse gottlose Weiber zu achten, welche vom Teufel und seinen Dämonen verblendet, sich einbilden und
behaupten, daß sie zur Nachtzeit mit der Heidengöttin
Diana, mit Herobias und einer Schaar anderer Weiber
auf gewissen Thieren reitend große Länderstrecken durch-
fliegen und in bestimmten Nächten der Befehle ihrer
Herrin gewärtig sein müssen. Dieses Alles sei heidnischer Unsinn und werde vom bösen Geiste nur ihrer
Phantasie vorgegaukelt.

Dieser einzige Canon reichte hin, das Hexenwesen
in einem ganz anderen Lichte, als man es mehr als
400 Jahre ansah und behandelte, erscheinen zu lassen:
es ist heidnischer Unsinn, Phantasie vom Teufel irregeleitet.

Freilich ist dieser Canon vielfach besprochen und
bestritten worden; jedenfalls findet er sich in der vor-
gebrachten Weise nicht im besagten Concil von Ancyra

i. J. 314. Denn dieses hat unter seinen 25 Canonen nur einen, der das Zauberwesen berührt. Der 24. Canon lautet nämlich nach Hefele's Conciliengeschichte, I. Bd. S. 209 so: „Diejenigen, welche wahrsagen und den Gewohnheiten der Heiden folgen oder Leute (Zauberer) in ihr Haus aufnehmen behufs der Entdeckung von Zaubermitteln oder zum Zwecke von Sühnungen, diese sollen dem Canon der 5 Jahre unterliegen (der vorgeschriebenen 5jährigen Buße) in den bestimmten Stufen 3jähriger substratio (3. Pönitenzklasse) und 2jährigen Gebets ohne Opfer."

Immerhin bezeichnen auch diese Worte die Zauberei als heidnischen Aberglauben und von einer Realität des Hexenwesens ist in den mir bekannten Conciliaraussprüchen keine Rede. Diese Verirrung kommt auf Rechnung gewisser Köpfe späterer Zeit, die kein vernünftiger Mensch mit der Kirche verwechseln wird. Was wir sonst noch für Conciliaraussprüche fanden, welche dieses Gebiet berührten, wollen wir kurz hier anführen.

Der Canon 6 der Synode von Elvira (i. J. 305 oder 306) lautet zu deutsch so: „Sollte aber Jemand einen Anderen durch Zauberkünste tödten, so soll ihm auch nicht an seinem Ende die Communion ertheilt werden, und zwar deßhalb, weil er das Verbrechen (der Zauberei) nicht ohne Götzendienst vollbringen konnte."

Der 36. Canon der Synode von Laodicea (zwischen den Jahren 343 und 381) lautet: „Daß die höhern und niedern Cleriker keine Zauberer, Beschwörer oder Mathematiker oder Astrologen (Nativitätsteller u. dgl.) sein, noch auch sogenannte Amulete fertigen sollen, welche Fesseln für ihre eigenen Seelen sind. Diejenigen aber, die sie (diese Amulete) tragen, sollen aus der Kirche ausgeschlossen werden."

Die vielen Verordnungen gegen heidnische Ueberreste des Aberglaubens übersehen wir und betrachten das 6. Kapitel der Synode von Paderborn vom Jahre 785 und 786, welche die Durchführung des Christenthums in Sachsen bezweckte. Das 6. Kapitel dieses Concils lautet so: „Wer vom Teufel geblendet nach Weise der Heiden glaubt, es sei Jemand eine Hexe und fresse Menschen, und diese Person deßhalb verbrennt oder ihr Fleisch selbst ißt oder durch Andere essen läßt, soll mit dem Tode bestraft werden."

Soldan führt S. 84 Synodalbeschlüsse aus dem 6. und 7. Jahrhundert an, die wir theils gar nicht finden konnten, theils nicht auf das Hexenwesen zu beziehen sind. Nach der Kirchenversammlung zu Agbe (i. J. 506) sollen die Weiber, welche mit den Dämonen auf gewissen Thieren zu reiten behaupteten, mit dem Banne belegt werden. Aber unter den 71 ächten Bestimmungen dieses Concils findet sich keine Spur von dieser Citation Soldan's.

Die Kirche erklärt also, der Glaube an Hexen sei Teufelsverblendung und gehöre dem Heidenthume an.

Aber, wendet man uns hier ein, wollte denn die Kirche Zauberer und Hexen nicht bestraft wissen, wenn der 15. Canon der Synode zu Rinsbach (i. J. 799) befiehlt: „Zauberer und Hexen u. s. w. sollen eingekerkert und durch den Archipresbyter wo möglich zum Geständniß gebracht werden. Aber am Leben darf ihnen nichts geschehen?"

Hiermit ist doch nicht gesagt, die Kirche glaube an die Realität der Zauberei und Hexerei; sondern sie wollte mit der Strafe den Wahn vertreiben, in welchem man stand und in welchem man thöricht und sündhaft handelte. Hätte die Kirche an die Realität des Hexenwesens geglaubt, so hätte sie es mit dem Tode bestrafen müssen als thatsächliche furchtbarste Gotteslästerung.

Die Synode von Paris vom Jahre 829 zählt die Zauberei u. s. w. unter die Reste des Heidenthums.

Auf der Synode von Pavia im J. 850 lesen wir unter Nr. 23: „Weiber, welche Andere behexen zur Liebe oder zum Haß oder gar zum Tode, sollen sorgsam aufgesucht und strenger Buße unterstellt werden."

Mit solchem Unsinn befassen sich heute noch Leute und verfallen damit der Strafe der Kirche und des Staats, ohne daß man daraus schließen dürfte, sie seien wirkliche Hexen.

Auch der berühmte Hincmar, Erzbischof von Rheims (geboren um's Jahr 806), spricht von Behexung des einen Ehegatten, sei es zu heftiger Liebe oder zum Hasse gegen den andern. Aber Hincmar ist nicht die Kirche und seine Aeußerungen sind der Ausdruck seiner Zeit.

Hiemit glaube ich gezeigt zu haben, daß die Kirche in ihren Concilien dem Wahne der Hexerei entgegengetreten und ihm nimmermehr zu seinem Aufkommen behülflich gewesen ist und selbst nicht zu einer Zeit, deren Augen vom nahen Heidenthume noch sehr trüb und kurz waren.

Die Sortes Sanctorum, welche die Kirche verbot und die darin bestanden, daß man die Bibel blindlings aufschlug und den nächsten besten aufgegriffenen Vers ober Ausspruch als einen Aufschluß ansah, sind ein vom Heidenthum in's Christenthum herübergenommener Aberglaube, den man heute noch namentlich von Protestanten mit Hiller's Schatzkästlein treiben sehen kann.

Aber wie steht es bei den Mystikern der katholischen Kirche? Deren Ansicht soll nun sofort wie die sonstigen uns bekannten mitgetheilt und geprüft werden. Und hiemit kommen wir zum zweiten Theile unserer Untersuchung.

––––––––

II. Theil.

Darstellung und Prüfung der verschiedenen Ansichten über die Hexenprozesse.

Erstes Kapitel.
Wie die katholischen Mystiker die Hexenprozesse ansehen.

Das dunkle Gebiet der Mystik ist von der Kirche möglichst freigegeben. Diese Mystik hat auch keine besondere zusammenhängende Doctrin aufgestellt, sondern es bleibt den einzelnen Mystikern überlassen, ihre Gebäude nach Material und Form so zusammen zu setzen, daß sie der Glaubens- und Sittenlehre dabei nicht zu nahe treten.

Die Ansicht unserer Mystiker über das Hexenwesen kommt auf Folgendes hinaus:

Das Hexenwesen ist der Gipfelpunkt der Sünde als völliger Abfall von Gott. Die Sünde hat die ganze Schöpfung in zwei Heerlager getheilt, in ein sichtbares und unsichtbares, Himmel und Hölle, stets in die Geschicke und Herzen der Menschen eingreifend; eine zweifach streitende Kirche auf Erden, von der die eine Chri-

ftus, die andere den Teufel an ihrer Spitze hat. In
Mitte dieser beiden Reiche steht der Mensch; um ihn
dreht sich der Kampf; er ist der Kampfpreis. Daran
schloß sich das Herenwesen des Mittelalters, und ihm
liegt kein Wahn, sondern reale Sünde zu Grunde. Es
trat gewöhnlich in zwei Grundformen auf: entweder
unterwarf sich der Mensch ganz und gar als Höriger
dem Teufel oder machten diese beiden Theile nur einen
Vertrag oder Bund unter einander — Teufelsdienst
und Teufelsbund.

Sobald der Mensch mit Wissen und Willen dem
Bösen sich hingibt, tritt er aus dem Reiche der Gnade
aus und ein in das des Satans, der nun zuletzt alle
Gewalt über ihn bekommt. Die Mystiker berufen sich
hier auf das Heidenthum in seinem Baalscult, Thier-
anbetung, sittenlosen Bräuchen und Mysterien. Wohl
hat Christus den bösen Feind besiegt; aber dieser schüt-
telt sich doch von Zeit zu Zeit so gewaltig, daß Manches von seinem Reiche wieder Leben und Ausdruck
gewinnt. Darum hat auch in der christlichen Zeit der
Kampf der Prinzipien nicht nachgelassen und mit er-
neuerter Wuth tritt Satan der Kirche Christi entgegen.
Beweis: Die Häresien und gnostischen Sekten, die dem
alten Schlangenversprechen — ihr werdet wie Gott sein —
nachgingen und den Sündenfall stets fortsetzten in Hochmuth und gräuelvollem Leben, die einen offen, die anderen im Geheimen. Solche Sekten und Verirrte lassen
sich von den ersten Zeiten des Christenthums nachweisen
bis auf unsere Tage. — Der Herensabbath oder die
Versammlung der Herengenossenschaft soll die Spitze der
Glaubens- und Sittenverirrung sein, daß aber Volks-

sagen, Aberglauben und Phantasie eine wesentliche Zugabe dabei sind, wird kaum in Erinnerung gebracht werden müssen. Auf erster Stufe des Hexensabbaths steht die Orgie, ein Seitenstück der heidnischen Bacchanalien. Wie das Christenthum von uns Enthaltsamkeit verlangt, so verlangt der Teufelsdienst ausschweifende Genußsucht. Hat uns der Teufel diese Schlinge umgeworfen, so geht es zur zweiten Stufe auf dem Hexensabbath, zum Huldigungsakt. Dem Affen Gottes wird in Gestalt eines Thieres, namentlich eines Bocks, der auf einem Thron sitzt, ekelhafte Verehrung erwiesen, der strengste Gegensatz und doch Nachahmung der christlichen Mysterien.

Von dieser Huldigungsfeier geht es über in den Opferact, wo der Dämon seinen Verehrern Brod und Wein reicht, über die er zur Weihe den Fluch gesprochen hat und wogegen seine Anhänger sich ihm ganz und gar darbringen und opfern. Die Taufe soll vernichtet werden und so die völlige Verknüpfung mit dem Bösen stattfinden. Die ganze katholische Messe, Functionen und Liturgie werden parodirt, Segen wird Fluch und das ist die sogenannte Dämonolatrie.

Die Dämonomagie soll die andere, mehr active Seite des Hexenwesens sein. Der Mensch will in seinem Stolze Gott gleich sein, also auch unbeschränkter Herr über die Natur. Daher falsche Naturmagie, Divination, Theurgie, Schwarzkunst, Amulete, Talismanen.

Auf die Frage, warum das weibliche Geschlecht der Sünde der Hexerei mehr verfallen, als das männliche, antwortet der Mystiker: weil jenes mehr auf Warten und Harren angewiesen sei und daher im Gefühle seiner Schwäche sich zum eigensinnigen Beharren und zur List angetrieben, auch den Starken aufzusuchen sich ermuntert fühle, um sich ihm anzuschließen. Dazu sei das weibliche Geschlecht beweglicher und erregbarer, der Einbildungskraft stärker unterworfen und somit Illusionen zugänglicher.

Aus diesen Principien der dämonischen Mystik sollen sich also die Hexenprozesse ableiten lassen. Um die Hexerei müßte es demnach etwas Reales sein; es wäre eine besondere Phase der Wirkung der Hölle, die immer sich geltend macht, nur in jener Zeit hauptsächlich als Hexenwesen. Kirche und Staat mußten dieses Wesen mit Feuer und Schwert verfolgen. —

Aber die Geschichte lehrt, daß dieses Verfolgen nichts, gar nichts geholfen hat; denn je stärker es war, desto mehr Hexenwesen zeigte sich, wogegen es am unbedeutendsten war, wo man am mildesten im Sinne und Geiste der Kirche dagegen auftrat.

Wohl würde die mystische Erklärung das Hexenwesen ziemlich consequent uns auseinander setzen, wenn uns nur dabei nicht ein solches Doppelreich entgegenträte, daß der Vorwurf des Dualismus kaum abzuwenden sein dürfte. Von der unglaublichen phantastischen Verirrung der Menschen nicht zu reden. Und schreibt man auch einen großen Theil des unsinnigen Beiwesens, wie das Ofengabelreiten u. dgl. auf Rechnung des Volks- und Aberglaubens, so bleibt dennoch selbst für den gläubigen Christen des Unglaublichen noch genug. Bald erscheint der Teufel, bald der Mensch so dumm, daß jener kein Teufel und dieser kein Mensch sein könnte.

Endlich — wenn das Reich der Hölle dem Reiche des Himmels entgegen eine solche Ausdehnung gewinnen, solche Werke und Wirkungen hervorbringen kann: welche traurige Perspective selbst für die erlöste Menschheit! welche Forderungen müssen dann nicht blos an die Kirche, sondern selbst an die Gesetzgebung und den Staat gestellt werden!

Kurz: mit der mystischen Erklärung des Hexenwesens wird zu viel bewiesen und was zu viel beweist, beweist nichts.

Zweites Kapitel.

Die rationalistische Erklärung.

Der Antipode der mystischen Erklärung. Dabei geht man davon aus: am ganzen Hexenwesen ist nichts und sucht sodann mit allerlei Gründen, wie Vernunft und Geschichte sie darbieten, darzuthun, wie der Wahn entstanden sein mag. Ein anderer Theil dieser rationalistischen Erklärer macht es sich noch leichter: er fertigt die ganze Sache damit ab, daß sie nur aus dem Betruge hervorgegangen sein soll.

Der Vertreter dieser Ansicht ist Graf Lambert, der allerdings Manches zur Geschichte der Hexenprozesse gesammelt hat und der Natur und Wesenheit der Hexerei, wie er sagt, ziemlich auf den Grund gesehen zu haben glaubt. Er meint nämlich, alle diese Unglücklichen hätten die Ueberzeugung gehabt, Hexen gewesen zu sein, indem sie irgend ein Bösewicht zum Bösen verführt und sich ihnen gegenüber für den Teufel ausgegeben und zu diesem Zwecke sich mit Bocksfüßen,

Hörnern u. s. w. ausstaffirt habe, um so seinen Betrug sicher durchzuführen, oder unentdeckt zu bleiben, oder der Betrogenen am Ende los zu werden. Darnach erklärt Lambert die verschiedenen Aussagen der Hexen. Solche sagten z. B. einmal aus, man habe in einer Hexenversammlung berathschlagt, wie die Feldfrüchte zu verderben seien; bei dieser Versammlung, meint unser Erklärer, habe wahrscheinlich ein Getreidewucherer den Vorsitz geführt. Und als einmal Hexen angaben, der Teufel habe sie versammelt und ihnen Geld gegeben mit dem Auftrage, Vieh zu tödten, meint Lambert, dieser Teufel sei gewiß ein Viehhändler gewesen. Nur das Fahren durch die Luft und Reiten auf Besenstielen weiß er sich nicht auf seine Art zu deuten. Läugnen will er es nicht, weil zu viele Hexen in dieser Angabe zusammenstimmen. Aber da es doch nicht möglich sei, so sei mit Zuversicht anzunehmen, die Betrüger d. h. die verkappten Teufel hätten ihre Opfer durch berauschende Mittel betäubt, in größter Schnelligkeit sie sodann von einem Orte zum andern gebracht und beim Erwachen glauben gemacht, die Reise sei wirklich so abenteuerlich durch die Luft gegangen.

Mit Recht sagt Wächter: „Es wird genügen, diese Ansicht angeführt zu haben. Würde sich ein Verbrecher für den Teufel ausgegeben haben: so wäre dieß gerade für jene Zeiten das gefährlichste Wagespiel gewesen, das ihm leicht den Kopf kosten konnte; die uns bekannten Urkunden geben uns keinen Fall eines solchen entdeckten Verführers und geben uns vollends nicht den geringsten Beweis dafür, daß von solchen Pseudoteufeln ganze förmliche Hexenversammlungen gehalten wurden. Und wie hätten es diese Verführer machen sollen, in e i n e r Nacht 30—40 oder gar 2 bis 300 Weiber zu betäuben und über alle Berge an den bestimmten Versammlungsort in aller Schnelligkeit zu bringen. Alles jenes kann höchstens da und dort einmal einen einzelnen Fall erklären. Die ganze Erscheinung selbst, daß man gerade vom Ende des 15. Jahrhunderts an so viele Hexen fand, welche die unglaublichsten und tollsten Dinge von sich gestanden, erklärt sich dadurch nicht im Geringsten."

Diesen Einwänden haben wir nur noch die Frage beizusetzen: wenn eine Menge Menschen von Betrügern auf diese Art getäuscht wurden, wer brachte den Hexenspuck auch in die Köpfe der Theologen, Philosophen, Juristen und Aerzte jener Zeit? Kann ein so ordinärer Betrug ganze Jahrhunderte mit sich fortreißen und alle Schichten der Menschheit durchdringen?

Diese rationalistische Erklärung erklärt also nichts. Auch die nicht, welche mittels Salben und Medicamenten den Wahn und das Gefühl z. B. des Fliegens erklären will, wie Eschenmayer u. A. wollen. — Mehr Beachtung verdient die schon angedeutete, die sich nicht blos auf die gesunde Vernunft beruft, sondern die Hexerei für Wahn erklärt und die natürliche Entstehung dieses Wahns nachzuweisen versucht.

Die Vertreter dieser Erklärung deuten in erster Instanz auf die schon oben berührte Bulle des Papsts Innocenz III. und den berüchtigten Hexenhammer. Mit Unrecht; denn schon vor dieser Bulle und diesem Buche war die Hexerei so da, daß das Volk und die Gelehrten laute Klage führten.

Die vorherrschende theologische Färbung des 16. und 17. Jahrhunderts, eine armselige Philosophie, die Beschäftigung mit der sogenannten himmlischen und natürlichen Magie, Theurgie, Astrologie, Alchymie düngten den Boden des Glaubens an Zauberei.

Die Jurisprudenz war einer engherzigen Beschränktheit verfallen: sie setzte den Zauberwahn voraus und sann nur auf Mittel der Tortur und Strafe.

Die Medicin jener Zeit war ohne jede solide Grundlage, klebte am Altüberlieferten und machte sich aus der Macht des Teufels einen Schild gegen alle Vorwürfe.

Alles wahr, greift aber weder weit genug zurück, noch erklärt es die ganze Erscheinung. Darum suchte man rationalistischer Weise noch weitere Gründe für das Entstehen des Hexenwahns und fand — ihn wieder zum Theil in der katholischen Kirche, weil diese gewisse Exorcismen, geheimnißvolle Segnungen und Weihen hat. Diese sollen den dämonologischen Aberglauben in's Dasein gerufen haben.

Wer das behauptet, zeigt nur, daß er weder etwas von den Sakramenten, noch den Sakramentalien, den Segnungen und Exorcismen der Kirche versteht.

Um die Ketzer kräftiger verfolgen und härter strafen zu können, habe man zum Vorwurfe der Hexerei gegriffen. — Aber die wenigsten Zauberer und Hexen waren als Häretiker verdächtig gewesen. Zudem wird es stets Häresie geben — oportet esse haereses 1. Corth. 11, 19 — aber weder Hexen noch Hexenwahn. Wie hier die Protestanten auf die Katholiken, so schlugen wieder diese auf jene los, womit Alles verletzt und nichts erklärt war.

Eigennuß, Rachsucht und Wohlluſt ſollen das Hexen=
weſen in Schwung gebracht haben.

Es iſt wahr: man confiscirte die Güter und das
Vermögen der unglücklichen Opfer dieſes Wahns; man
brachte Hunderte Unſchuldiger zum Tode aus Rache;
man behandelte und mißbrauchte Mädchen und Weiber
ſchamlos im Gefängniſſe, bei der Unterſuchung und im
Verhör. All' das aber erſt im weiteren Verlaufe und
der vorgerückteren Zeit der Hexenprozeſſe, ſo daß man
dieſe nimmermehr daraus allein ableiten kann, wenn
man auch nicht läugnen darf, daß ſie dadurch beliebter
und alſo vervielfältigt worden ſein mögen. Eigennuß,
Rachſucht und Wohlluſt ſind erſt die Miasmen, die
aus dem Sumpfe des Hexenwahns aufſtiegen und dieſen
wohl mögen vergrößert, aber ſein Entſtehen haben ſie
ihm nicht gegeben.

Drittes Kapitel.

Die Erklärungen der Juriſten neueſter Zeit.

Denn bei den älteren Juriſten herrſchte mit we=
nigen Ausnahmen die Ueberzeugung von der Realität
des Zauberweſens.

Jarke bringt viel Beherzigenswerthes, geht aber von
dem Irrthum aus, daß er die Hexerei für eine Zau=
berreligion, für ein ausgebildetes Syſtem von
Gebräuchen und Glaubensſätzen auffaßt. So weit bringt
es der Wahn nicht; ſo viele unkluge Mühe gibt ſich
die Hölle nicht.

Mit Unrecht bringt ferner Jarke das Hexenweſen
mit der Häreſie in ſolche Verbindung, daß damit die

Bullen der Päpste zusammenhängen sollen. Zwischen Ketzerei und Hexerei, wie sie im Kopfe des Volkes und schlechter Theologen und Juristen spuckte, wußte die Kirche wohl zu unterscheiden. Den Versuch eines Teufelsbündnisses und den Glauben an dessen Möglichkeit mußte die Kirche für verdammenswerth halten. Weiter ging sie, als Kirche, nach meiner Ansicht nicht, und konnte sie nicht gehen. Die Approbation des Hexenhammers durch eine theologische Facultät wird man doch der Kirche nicht in die Schuhe schieben wollen, so wenig als die Hinrichtung der Hexen in allen Ländern Europa's.

Jarke gesteht, daß die Hexenverfolgungen in Deutschland zu den abscheulichsten gehörten und schreibt diesen Umstand den r o h e n und u n w i s s e n d e n S c h ö f f e n zu, in deren Händen die damalige Strafjustiz gelegen habe. Dabei irrt aber Jarke in der Behauptung, D e u t s c h l a n d sei hauptsächlich und vorzugsweise der Sitz der massenhaften Hexenverfolgungen gewesen. Wir finden die gleichen Verfolgungen in Genf, Frankreich, Italien und England. Wie eine Seuche ging der blutige Wahn durch die Länder und wich nur nach einer Art von Uebersättigung. Auch setzt Jarke den Anfang der Hexenverfolgungen erst an das Ende des 16. Jahrhunderts, während wir sie mit Hülfe der Tortur schon am Ende des 15. Jahrhunderts in Deutschland finden.

R o ß h i r t schreibt in seiner Gesch. und Syst. des deutschen Strafrechts (Thl. III. S. 150 ff.) die Herrschaft des Hexenglaubens in Deutschland hauptsächlich dem Einflusse der Kirche und theologischer Untersuchungen zu. (Siehe Wächter a. a. O. S. 310.) Zu diesem Hexenglauben kam dann nach Roßhirt in jener Zeit

ein ungewohnter Zustand des Geschlechts-
verhältnisses. Während im 15. und im Anfange
des 16. Jahrhunderts ungestört dieser Trieb sich ent-
äußerte, wollte man auf einmal eine bessere Zucht zugleich durch äußere Macht und durch die Gewalt der
Religion einführen. ... Die schnelle Umänderung der
Weltansicht in diesem Punkte, das ernste Verlangen
nach Moralität bei Protestanten und Katholiken trug
sichtbar dazu bei, eine Katastrophe in der Geschichte zu
erzeugen, die bisher nicht hat in ihren inneren Gründen
entwickelt werden können. Die unterdrückte Wohllust
suchte einen geheimen Ausweg; der Teufel mußte helfen
und jede Hexerei war jetzt mit Buhlerei verbunden. ...
Diese eigene Art von Hexenwesen gehört dem 16. und
17. Jahrhundert an, war aber zur Zeit der Carolina
noch keineswegs in Blüthe. ... Aber im Laufe der
Zeiten war es der Umgang mit dem buhlenden Teufel,
welcher die Köpfe beider Geschlechter einnahm und als
Abfall von Gott sich darstellte. Die schändlichste Verführung von Männern an Weibern und umgekehrt, die
wilde Lust der Wüstlinge in bacchanalischen Versamm-
lungen, das Benützen der mit dem Teufel einmal an-
gefüllten Köpfe zu der Ueberzeugung, daß der Teufel
wirklich eine Rolle spiele, die Schandthaten aufgeregter
alter Weiber und Kupplerinnen, das seine Gespinnste
einer vollkommenen Hexentheorie, das Gefühl der Schuld
schnöder Lust bei den Angeklagten, welches diesen die
Kraft der Vertheidigung nahm, die vorgefaßte Meinung
bornirter Richter, die Bestärkung der herrschenden Ansicht durch die Geistlichkeit, die Verzweiflung, welche von
vornweg Jeden ergriff, der am richterlichen Drama eines

Hexenprozesses Theil nahm, vor Allem aber, daß noch
kein geordnetes schriftliches Verfahren
bestand und dabei nicht die Pflicht des Richters, in
perpetuam rei memoriam über die Untersuchung aller
in Betracht kommenden Umstände sich auszuweisen, dieses
Alles in einem labyrintisch in einander führenden Zu-
sammenhange machte es möglich, daß Tausende, wenn
auch schuldig, einer schlechten Lust gefröhnt zu haben,
doch von der Justiz in der That gemordet starben.

So Roßhirt.

Allein auch er greift nur bis in's 16. Jahrhundert zurück und läßt die erste Entstehung des Hexenwesens unerörtert, indem er nur mit der Phase sich
beschäftigt, in welcher es im 16. und 17. Jahrhunderte
aufgetreten sein soll.

Sein erster Haupterklärungsgrund wäre also jene
sittliche Erhebung des 16. Jahrhunderts, über die wir
einige Zweifel haben und in Folge welcher die öffent-
lichen Unzuchtshäuser aufgehoben worden sein sollen.
Die Männer hätten sofort die Rolle und Maske des
Teufels angenommen, um die Weiber zu verführen.
Das ist die rationalistische Ansicht, die uns schon oben
begegnet ist, nämlich die des Grafen Lambert.

Sie ist aber unhaltbar in der Lambert'schen wie in
der Roßhirt'schen Fassung; denn die Aufhebung jener
Unzuchtshäuser ist später, als der herrschende Wahn
über die Buhlteufeleien. Auch findet man in keinem
Hexenprozesse das Geständniß oder die Angabe, der
Teufel sei der Verführer gewesen, sondern bald ein grün
gekleideter Jäger, Reiter, Junker. Hexen und Zauberer
gestanden nie auf der Folter, daß sie die Rolle des

Teufels gespielt, sondern sich nur zu einem Bündnisse mit demselben haben verleiten lassen, wobei nicht der Satan ihnen, sondern sie dem Satan gedient haben.

Was den zweiten Haupterklärungspunkt Roßhirts betrifft — Mangel an geordnetem schriftlichem Verfahren, so ist das unhistorisch und falsch. Denn zu Carpzov's Zeit, wo die Hexenprozesse in schönster Blüthe standen, fand ja der schriftliche Prozeß statt, mittels dessen Carpzov allein mehr als hundert Hexen zum Scheiterhaufen brachte. Und gerade in der Zeit vor der Mitte des 15. Jahrhunderts, wo kein schriftlicher Prozeß bestand und der Hexenglauben doch schon verbreitet und fest war, wurden am wenigsten Hexen verbrannt. Hexenprozesse und Folter brachen in Deutschland erst in der Zeit herein, in welcher das öffentliche mündliche Verfahren vom geheimen schriftlichen verdrängt zu werden anfieng, bemerkt Wächter a. a. O. richtig. — Darin kommen namhafte Juristen unserer Zeit — gegen Soldan, den sonst gut ausgerüsteten und unterrichteten Geschichtschreiber der Hexenprozesse — überein, es sei einseitig und unrichtig, wenn man dem Inquisitionsprozesse eine besondere Schuld bei den Hexenprozessen beimißt. Das Anklagen von Amtswegen, die Form, in der im 15. Jahrhundert und bis in den Anfang des 16. Jahrhunderts solche Prozesse meist eingeleitet wurden, überhaupt das Einschreiten von Amtswegen unter irgend einer Form war für die Hexen gefährlich, und Biener sagt mit Recht, daß nicht einzusehen sei, worin der Inquisitionsprozeß den Hexen verderblicher gewesen wäre, als der accusatorische Prozeß, nämlich der mit öffentlichem Ankläger.

Endlich kommen wir zu einer Erklärung der Hexenprozesse, die Vieles für sich und namentlich Wächter zum Vertreter hat. Er spricht sich (S. 96 ff.) so aus: „Die Sache läßt sich leicht und einfach erklären. Wir würden in unserer Zeit noch eben so viele Hexen finden und verbrennen können, als in jenen Zeiten, wenn man dasselbe Mittel, sie zu finden, bei uns noch anwenden wollte. Das Mittel war einfach, sicher und schnell zum Ziele führend. Es war die unsinnigste Ausgeburt menschlicher Verirrung, die Folter."

„Beim festen Hexenglauben der Kirche (?) und der Richter, beim festen Hexenglauben des Volkes, bei dem crassesten Aberglauben, der in jeder auffallenden Erscheinung eine Hexerei witterte und bei dem der Unschuldigste leicht in den Ruf der Hexerei kommen konnte — auf der einen Seite, bei dem Einschreiten von Amtswegen und der willkührlichsten Anwendung der abscheulichsten Folter auf der andern Seite, mußte man überall Hexen finden, wo man sie suchte. Ohne die Folter hätte man vergebens nach vielen Hexen gesucht, und gerade der Mangel der Folter, überhaupt das völlig andere Beweissystem und prozessualische Verfahren erklärt es allein, wie in der frühern Zeit bis zum 15. Jahrhundert nur wenige Hexen verurtheilt wurden, obgleich in jenen Zeiten der Hexenglaube nicht minder fest war."

„Im Mittelalter unterschied man beim Beweisverfahren zwischen handhafter und übernächtiger That.

Zum Prozesse auf handhafte That konnte es natürlich bei Hexen und Zauberern nicht leicht kommen. Wie sollte man sie auf frischer That ertappen? Beim Prozesse auf übernächtige That aber, den übrigens gerade bei der Zauberei manche deutsche Statute ausschlossen, hatte der Unschuldige, sofern er das Vertrauen seiner Mitbürger genoß, einen günstigen Stand. Man suchte nicht, wie später, durch alle mögliche inquisitorische Mittel den Angeschuldigten zu neuem Geständnisse zu bringen, noch viel weniger ihn dazu zu zwingen. Er konnte sich durch einen Eid losschwören, und hatte er auch nach manchen Statuten noch einige Eidhelfer nöthig, welche mit ihrem Eide ihr Vertrauen in seine Redlichkeit bekräftigen mußten: so fand eine ehrliche Person in der Regel wohl die nöthige Zahl der Eidhelfer. Freilich, wenn der Angeschuldigte keine Eidhelfer fand oder übel berüchtigt war und deßhalb sich nicht losschwören durfte, mußte er sich einem Gottesurtheile unterwerfen und hier konnte allerdings eine angeschuldigte Hexe unterliegen, wenn ihr nicht ein Priester unter der Hand half. Allein gerade das Gottesurtheil, dem die Hexen häufig unterworfen wurden, mußte diesen armen Personen in der Regel günstig sein. Es war die Wasserprobe, welche die Meisten aus sehr natürlichen Gründen glücklich bestanden. Sie wurden gebunden in's Wasser geworfen; blieben sie über dem Wasser: so galt es als Beweis der Schuld, weil man den Hexen die besondere Eigenschaft zuschrieb, leichter zu sein, als das Wasser; sanken sie aber unter, nahm das Wasser sie auf: so war dieß ein Beweis ihrer Unschuld. Allerdings konnte auch der Ankläger den Eid des Angeschuldigten ausschließen durch Zweikampf. Allein selten mag eine Hexerei so bedeutend gewesen sein, daß ein Ankläger deßhalb sein Leben wagte, und nicht selten mag die Angeschuldigte einen tüchtigen Kämpfer für sich gefunden haben, der zu siegen wußte. Gefährlicher war ihm schon der Grundsatz einzelner Statute, nach welchem Anrüchige und Solche, welche gefangen vor Gericht gebracht wurden, vom Ankläger übersiebnet werden konnten. Allein auch bei diesem Grundsatze finden wir doch in den deutschen Blutbüchern des Mittelalters bis in die zweite Hälfte des 15. Jahrhunderts nur sehr wenige Verurtheilungen von Hexen. Ueberhaupt hatte selten Jemand Grund, eine Anklage wegen Hexerei zu erheben, vollends nicht wegen der blosen Verbindung und Vermischung mit dem Teufel, und ohne Anklage gab es in jenen Zeiten in der Regel kein Criminalverfahren. So erklärt es sich, daß man bis in das 15. Jahrhundert nicht häufig Hexen vor Gericht zog und daß noch seltener Hexen verurtheilt wurden.

Allein gegen das Ende des Mittelalters im 15. Jahrhundert trat in Deutschland eine wesentliche Aenderung im Verfahren und Beweißsystem ein. Die Gerichte fingen an, zum Theil auf kaiserliche Privilegien gestützt und nach dem Vorgange der geistlichen Gerichte, von Amtswegen zu verfahren, das alte rein formelle Beweißsystem zu verlassen und Alles vom Geständnisse der Angeschuldigten abhängig zu machen und dieses auf alle Weise herbeizuführen zu suchen. Als Mittel hiezu wurde wieder nach dem Vorgange der geistlichen Gerichte und der italienischen Praxis und Doctrin von der deutschen Wissenschaft und Praxis zur Folter gegriffen, und dieselbe nach und nach durch Landesgesetze und im 16. Jahrhundert durch die Reichsgesetzgebung, die peinliche Gerichtsordnung Carls V., bestätigt. Das Beweisverfahren im Criminalprozesse war nun lediglich gebaut auf Zeugen und auf Geständniß der Angeschuldigten, und das Mittel, das letztere herbeizuführen, war die Folter.

Nach den bestehenden Gesetzen über die Folter sollte der Angeschuldigte freigesprochen werden, wenn er die einmal — nach der Praxis eine Stunde lang — angewendete Folter, ohne zu bekennen, überstand und nicht nachher neue selbstständige schwere Verdachtsgründe an den Tag kamen; es sollte zur Folter erst dann geschritten werden, wenn ein dringender einem halben Beweise gleichkommender Verdacht gegen den Angeschuldigten vorlag, und gestand der Angeschuldigte durch die Folter: so sollte er nur dann verurtheilt werden, wenn die einbekannten Umstände in sich selbst wahrscheinlich sind und nach sorgfältigen Nachforschungen als wahr erfunden werden.

Allein die Praxis und Doctrin wußte über diese Schranke sich hinauszuhelfen. Sie erfand schon im 15. Jahrhundert einen Grundsatz, der — ebenso ungerecht als widersinnig — 200 Jahre lang zur Schmach der deutschen Praxis in derselben herrschte. Die Hexerei, sagte man, gehöre zu den schwersten und zu den im Verborgenen schleichenden Verbrechen. Bei den schwersten Verbrechen aber liege dem Staate am Meisten daran, daß sie nicht ungestraft gelassen werden. Deßhalb sei der Richter an die Schranken, welche die Gesetze ihm setzen, an die gesetzlichen Formen des Prozesses und an die gesetzlichen Vorschriften über Beweis durch-

aus nicht gebunden; sie seien delicta excepta (Aus=
nahmsverbrechen), bei welchen der Richter die beschrän=
kenden Vorschriften der Gesetze übertreten dürfe...

Durch diese Theorie von den delictis exceptis
war namentlich ein der Zauberei Angeschuldigter bei=
nahe schutzlos. — Die Folter brachte Alles heraus, was
man heraushaben wollte und diese Folter wurde so
lange und mit der entsetzlichsten Steigerung wieder=
holt, bis das Justizopfer erlag oder an Seele und Leib
gebrochen bekannte, was man immer nur gestanden wissen
wollte.

Auch auf einen gültigen Augenzeugen kann sich
Wächter für diesen seinen Erklärungsgrund berufen,
nämlich auf den edlen Spee, welcher sagt, er sei über=
zeugt, unter hundert Hingerichteten seien nicht vier ge=
wesen, die sich eines Verbrechens schuldig gemacht hätten.
(Von der Realität der Hexerei war Spee überzeugt;
nur gegen ihre gerichtliche Behandlung eiferte er.) „Ja,
ruft er aus, ich schwöre feierlich, von den Vielen, welche
ich wegen angeblicher Hexerei zum Scheiterhaufen be=
gleitete, war keine Einzige, von der man, Alles genau
erwogen, hätte sagen können, daß sie schuldig gewesen
wäre, und das Gleiche gestanden mir zwei andere Theo=
logen von ihrer Erfahrung! Aber, fährt er fort,
behandelt die Kirchenobern, behandelt die Richter, be=
handelt mich ebenso, wie jene Unglücklichen, werft uns
auf dieselben Foltern — und ihr werdet uns Alle als
Zauberer erfinden!"

Wächter's und Spee's Behauptung läßt sich noch
durch historische Belege verstärken. Der Jurist Trummer
bezeugt von Hamburg, daß, sobald die Tortur sich in

Hamburg Eingang zu verschaffen anfing, sich gleichzeitig
die bis dahin dort durchaus unerhörte Erscheinung von
Hexen finde und daß der älteste Fall, wo die Tortur
in Hamburg erweislich angewendet wurde (im J. 1555),
zugleich der älteste Fall einer größeren Hexenverfolgung
sei. Wir können noch beisetzen: mit der Abnahme der
Hexenverfolgungen nahm, so zu sagen, die Hexerei und
die Zahl der Hexen ab. Als Gottlieb Stolle am
6. August 1703 den berühmten Peter Bayle zu Rotter=
dam besuchte, sprach dieser zu ihm unter Anderem auch
Folgendes: „In Frankreich habe die Hexeninquisition
und Bestrafung ziemlich abgenommen, nachdem einst der
König Ludwig XIV. gegen 80 Personen, die beßwegen
gefangen gesessen, auf einmal los= und freigelassen habe.
In der Schweiz aber, auch wo es pur reformirt sei,
sei der gemeine Hexenprozeß noch im frischen Gebrauche."
(Vrgl. Dr. W. Adolph Schmidt, Zeitschrift für Ge=
schichte, Berlin 1847, Bd. VII., Heft 6, S. 511.)

Endlich müssen wir auch noch anführen, was
Wächter — wieder zur Begründung seiner Erklärung —
über die übereinstimmenden und angeblich freiwilligen
Geständnisse der Hexen bemerkt. Er sagt wörtlich (S.
317): „Zu irrigen Auffassungen der Erscheinung der
Hexenprozesse führte besonders die Uebereinstim=
mung der gerichtlichen Geständnisse der
Hexen und die in den Acten häufig bezeugte
Freiwilligkeit dieser Geständnisse, und rich=
tig bemerkt Soldan S. 273 in dieser Beziehung, nichts
habe in unserer Zeit das Urtheil über das Hexenwesen
mehr genect und in die Irre geführt, als jene beiden
Umstände (übereinstimmende und freiwillige

Geständnisse). Sie sind es besonders, durch welche nicht Wenige in älteren und neueren Zeiten verleitet wurden, der Hexerei eine gewisse Realität zuzuschreiben."

Wächter gibt zu, daß manche wegen Zauberei an-geschuldigte Person wirklich anderweitige Verbrechen auf dem Gewissen haben mochte und in Folge davon konnte sie freiwillig solche Verbrechen eingestehen. Noch mehr! Bei dem allgemein verbreiteten festen Glauben an den unmittelbaren Einfluß eines persönlichen Teufels auf die Verhältnisse der Menschen konnte es wohl auch da und dort einem Unglücklichen, einem Verzweifelnden oder einem Unzufriedenen, Habgierigen, Einfältigen u. s. w. in den Sinn kommen, auf höllischem Wege das zu er= langen zu suchen, was auf anderen Wegen zu erreichen ihm nicht gelingen wollte. Er konnte dadurch sich zu Anrufungen des Teufels, zu Conaten der Eingehung eines Teufelsbündnisses verleiten lassen." Dieser Glaube lebt nicht blos im Volksmunde, der Vieles darüber heute noch zu erzählen weiß, sondern man hat auch konstatirte Fälle der Art. Aber, meint Wächter, es seien verein= zelt stehende, höchst seltene Fälle, die nichts beweisen und nichts erklären.

Was das Freiwillige jener Geständnisse betrifft, so sagt Soldan: „Freiwillig oder gütlich war nach dem gerichtlichen Sprachgebrauch jedes Bekenntniß, das nicht durch die wirkliche Anwendung der eigentlichen Folter ermittelt wurde. Dieß bedarf keines weiteren Belegs. Wer also gestand, weil er der angedrohten Folter überhoben sein wollte, weil er durch maßloses Kerkerelend mürbe, durch Kreuzfragen gedrängt, durch zweideutige Zusagen bethört, durch beichtväterlichen und

andern psychologischen Zwang bestürmt war, der lie-
ferte ein freiwilliges oder gütliches Bekenntniß. Wer
in richtiger Würdigung seiner Lage, aus welcher kein
Weg in ein unangefochtenes Leben und die Achtung
der Mitbürger zurückkehrte, die Begnadigung mit dem
Schwerte oder dem Strange anstatt des Lebendigver=
brennens sich verdienen wollte, der kam dem Richter
auf halbem Wege entgegen, und sein Bekenntniß war
dann mehr als gutwillig, es war sogar reumüthig."
Was nun die in's Einzelne gehende Uebereinstim=
mung der Bekenntnisse anbelangt, so hat dieselbe, so
fern sie sich auf die Sabbathsmysterien überhaupt be=
zieht, durchaus nichts Räthselhaftes; hier hatte der In=
quisit lediglich die stereotypen, sehr bald allgemein ver=
breiteten Gräuelgeschichten mit der nöthigen Anwendung
auf seine Person wieder zu erzählen, oder die öfters
nach feststehenden Schematen vorgelegten Verhörfragen
ganz einfach zu bejahen. Wo aber jene Gleichförmigkeit
bestimmte Besonderheiten des Orts und der Zeit be=
traf, oder wo mehrere Inquisiten gleichmäßig auf die=
selben Complicen bekannten, da war entweder Suggestion
im Spiele, oder man nannte Personen, die schon aus
früherer Zeit verschrieen waren, oder die Aussagen der
Verhafteten waren durch Ausschwatzen und sonstigen
Zufall unter das Publikum gerathen, so daß jeder später
Eingezogene sich denselben anschließen konnte." — Wir
haben nun absichtlich der Erklärung der Juristen, und
vorzugsweise Wächter's volle Rechnung getragen und
allen möglichen Raum gestattet. Denn sie hat Vieles
für sich, historische und rationelle Momente, neben wis=
senschaftlich=juridischen Gründen und natürlich auch

viele Anhänger. Und nun zur Prüfung der Wächter'-
schen Ansicht oder Erklärung der Hexerei; denn jene
wie die sonst noch in diesem Kapitel angeführten Juristen sind bereits widerlegt worden.

Viertes Kapitel.

Kurze Beleuchtung der Ansicht Wächter's über das Hexenwesen.

Die Folter und fast nur die Folter erzeugte die
Hexenprozesse, meint Wächter. Doch muß er voraus-
setzen, daß dieß nur möglich gewesen, nachdem der He-
renglaube in Kirche und Staat, in Einzelnen und dem
Volke, in Gelehrten und Ungelehrten bereits volle Fe-
stigkeit erlangt hatte. Somit war der Hexenglaube da
und zwar vollständig da und dann erst trat die Folter
dagegen auf. Anders müßte das Hexenwesen so eine
Herbstzeitlose sein, welche Linné unter das Pflanzen-Ge-
schlecht subsumirt, das er filius ante patrem nennt.
So etwas kommt aber in der moralischen Welt nicht
vor.

Wahr ist an Wächter's Behauptung nur das, daß
die Folter das Uebel in jeder Beziehung vergrößert,
wie milde Behandlung es verkleinert hat. Aber damit
ist weder der Ursprung, noch der ganze Charakter dieses
Unwesens erklärt, höchstens gefunden, was laut der Erfahrung nachtheilig oder förderlich dabei war. Wird
aber ein Arzt oder die Menschheit bei einer Krankheit,
zumal wenn sie räthselhaft und verheerend auftritt, sich
dabei beruhigen, daß man nur zu einer armseligen Erfahrung eines Mittels gelangt, das lindert, weil man

gesehen hat, daß sein Gegensatz das Uebel verschlimmert hat? Nur jene Diagnose überwindet zuletzt jede Krankheit, welche den Entstehungs= und Fortbildungsgrund derselben gefunden hat. Mit der Aufhebung der Ursache hebt man die Wirkung auf und das ist das Göttliche des menschlichen Geistes, daß ihm zum Lohne für das Einbringen in Gründe alsbald auch das Mittel sich darbietet, dem Schlimmen abzuhelfen oder das Gute zu fördern.

Ferner müssen Wächter und Solban zugeben, daß wohl Manche ohne Folter Hexerei bekannt haben mögen: theils im Bewußtsein anderer Vergehungen, theils von einem Wahne befangen, theils aus Furcht vor der Folter, oder moralisch bearbeitet, oder schon von Kerker-leiden gebeugt. Alles möglich, ja zugegeben sammt des redlichen Spee Erfahrungen und Versicherungen — wie aber, wenn Fälle vorkommen, wo alle diese Gründe weder einzeln, noch theilweise vereint zusammen wirkten? wenn sich Leute ohne alle äußere Veranlassung frei-willig selber als Hexen bekannten, ja der welt-lichen Gewalt und dem sichern Tode überlieferten?

Und Fälle der Art haben wir in Hexenprozeßacten gefunden, wie wir im dritten Theile mit Documenten darthun werden. Dann fällt ein gewaltiges Stück von Wächter's Erklärungsgrund dahin und die Sache muß tiefer aufgefaßt werden. Hätte die Folter die Initiative im Hexenwesen gehabt, so müßte man fragen: wie ist der Wahn in die Richter und Peiniger gekommen, die ja nicht gefoltert wurden? Es muß vielmehr etwas in den Geistern oder dem Zeitgeiste gewesen sein, das erst durch Grausamkeit gesteigert auch die Richter so entsetzlich mit sich fortriß.

Was die Uebereinstimmung der Aus=
sagen der Angeklagten betrifft, so ist sie nur
mit sorgfältiger Verwahrung zuzugeben und vor Allem
ist nicht außer Acht zu lassen, welche Richter die Pro=
tokolle geführt haben und mit welch' erschreckender Kürze
sie größtentheils abgefaßt sind. Man weiß nicht, ob
man die entsetzliche Sache nur möglichst kurz schriftlich
abmachen wollte, oder ob mehr die Leichtfertigkeit oder
ein Rest von Schaam sie nicht vollständig der Nachwelt
überliefern wollte. Auch werden wir bei Lesung und
Betrachtung von Hexenprozeßacten finden, daß nur eine
Art periodischer Uebereinstimmung statt fand.

Haben wir verschiedene Ansichten über die Hexerei
laut werden lassen, bevor wir die unserige vorlegen, so
erfordert die Billigkeit, daß auch die eigentliche theolo=
gische Ansicht angehört wird, die mit Gründen wohl
versehen ist, nicht gegen Geschichte und Erfahrung ver=
stößt und die Mitte zwischen der rein mystischen und
rationellen Auffassung der Zauberei hält; eine Ansicht,
die überdieß der unsrigen Bahn brechen hilft.

Fünftes Kapitel.

Eine theologische Ansicht von der Hexerei.

Wohl haben wir in unseren Tagen kein bestimmtes,
vorherrschend geltendes System und zwar weder in der
Theologie, noch in der Philosophie; sondern nur die
Exposition einzelner Theologen und Philosophen, beson=
dere wissenschaftliche Verarbeitungen des theologischen
oder philosophischen Materials. Dennoch kann man
von einer theologischen Ansicht reden, wenn sie aus der

Wissenschaft und Ueberzeugung, ohne Verstoß gegen die Kirche, hervorgegangen ist. Und eine solche steht uns zu Gebote, die wir um so lieber hier reproduciren (s. N.-Sion 1849, S. 693 ff.), als sie so leicht verständlich ist.

Um für meine nachfolgende Abhandlung, sagt der Verfasser, eine feste Unterlage zu bereiten, stelle ich zuerst Grundsätze auf, die ausführlichere Berichte kaum nöthig haben werden, wenigstens nicht für Theologen und für solche Christen, denen die Bibel ein heiliges Buch ist; für Andere schreibe ich nicht. Diese Grundsätze aber sind folgende:

1) Es gibt einen Satan, und es gibt Dämonen. Satan und Dämon ist nicht blos eine Abstraktion, etwa blos der böse Hang in der menschlichen Natur, oder das Böse, das Uebel überhaupt; sondern er ist ein geschaffenes Wesen mit Verstand und freiem Willen, welcher immer nur auf das Böse gerichtet ist.

2) Der Satan besitzt übernatürliche Kräfte, die zwar sehr beschränkt sind durch Gott und die von Gott angeordnete Heilsökonomie; aber dieselben übertreffen doch weit die natürlichen Kräfte des Menschen.

3) Die Gewalt des Satans ist durch den Versöhnungstod Jesu Christi zwar gebrochen, aber nach Gottes Rathschluß noch nicht vernichtet. Dieses geschieht erst dann, wann der Herr kommen wird, die Welt zu richten durch das Feuer. Dann erst wird der Satan gebunden und für alle Ewigkeit in den Schwefel- und Feuerpfuhl geworfen (Offenbr. 20, 9). Jetzt aber ist er noch ein Fürst dieser Welt (Joh. 12, 31); ein Fürst, der Macht hat in der Luft (Eph. 2, 2); er ist sogar ein Gott dieser Welt (2. Corth. 4, 4).

4) Vermöge seines bösen Willens sucht der Satan zu schaden; denn er geht herum wie ein brüllender Löwe, und sucht, wen er verschlingen könne (1. Ptr. 5, 8); und vermöge seiner Macht kann er schaden und zwar leiblich und geistig: leiblich, wenn es Gott zu unserer Prüfung (Job. 1, 1) oder Strafe (Apstlg. 19, 13—16) zuläßt; geistig aber kann er versuchen und wir können den geistigen Schaden fern von uns halten, wenn wir dem Satan standhaft Widerstand leisten im Glauben (1. Ptr. 5, 9). Darum haben wir zu kämpfen nicht (blos) wider Fleisch und Blut, sondern wider die Oberherrschaften und Mächte, wider die Beherrscher der Welt in dieser Finsterniß, wider die Geister der Bosheit in der Luft (Ephs. 6, 12).

5) Der Satan kann sich mit Zulassung Gottes des Leibes und sogar der Sinne des Menschen bemächtigen, den Menschen in Besitz nehmen, um ihn zu quälen, überhaupt ihm zu schaden; geschieht diese Besitznahme ohne Beistimmung des Menschen, so ist dieß die gewöhnliche Besessenheit.

Nachdem ich diese von Theologen nicht bestrittene Grundsätze aufgestellt habe, kann ich zu meinem eigentlichen Thema übergehen und meine Behauptung aufstellen: Es gibt eine wahrhafte und wirksame Zauberei.

Das Wort Magia ist ziemlich gleichbedeutend mit unserem Worte Zauberei: man versteht darunter das Verfahren, durch welches man einestheils zu einer tiefen Einsicht in die Natur zu gelangen strebt, anderntheils aber auch die Natur durch Mitwirkung höherer Mächte nach ihren geheimen Kräften und Wirkungen sich zu unterwerfen sucht, um sich dadurch zum Herrn von seinem und Anderer Schicksal zu machen. In den ältesten Zeiten waren die Magi jene Gelehrten, die sich das tiefere Studium der Natur zur Aufgabe gesetzt hatten. Es gibt nun eine natürliche und eine diabolische Magie oder Zauberei; die natürliche Magie sucht durch die in der Natur liegenden, meist noch unbekannten (wenigstens noch nicht erklärten) Kräfte Wirkungen hervorzubringen, die den Schein des Wunderbaren haben, aber deßhalb keine Wunder sind, weil keine übernatürliche Kraft dazu mitwirkte; die diabolische Magie aber sucht zu wirken durch Anwendung der Naturkräfte und durch dämonische, also übernatürliche Beihülfe. Der Zweck solcher Wirkungen kann ein doppelter sein: entweder wird diese böse Kunst geübt aus Vorwitz, oder aus Ruhmsucht, oder überhaupt wegen eines eigenen Vortheils und heißt in diesem Falle schlechthin Zauberei (simpliciter magia); oder man will dadurch andern Menschen an Leib und Habseligkeiten Schaden bereiten, dann wird die Zauberei maleficium genannt.

Es soll hier nicht in Abrede gestellt werden, daß häufig, wenn Zaubermittel angewendet werden, keine übernatürlichen Wirkungen erfolgen, indem der Satan entweder dem Wunsche des Beschwörers nicht entspricht, oder nicht entsprechen kann; oder aber, daß nur natürliche Wirkungen, Betrügereien, Taschenspielerkünste hervorgebracht werden. In diesem Falle ist der sogenannte Zauberer entweder selbst ein Betrüger oder ist er der Betrogene, da er als Zauberlehrling von seinem Meister statt der vermeinten Zauberkunst nur Taschenspielerei oder Kunststücke aus der natürlichen Magie oder Sympathie erlernt hat. Betrüger und Betrogene dieser Art mögen vielleicht die meisten der verbrannten Hexen gewesen sein.

Abgesehen nun von dem Betrügen und Betrogenwerden, wobei der Satan nicht auf die Handlung, sondern nur auf den Willen des Menschen Einfluß übt, gibt es auch eine wahrhafte diabolische, wirksame Zauberei: Handlungen nämlich, zu deren Hervorbringung der Mensch freiwillig mit dem Satan sich verbindet und mit ihm gleichsam einen Vertrag auf Leistung und Gegenleistung abschließt. Solche Verträge können abgeschlossen werden entweder unmittelbar mit dem Dämon, der in irgend einer Gestalt sich sichtbar macht [1]), oder mittelbar, indem der Mensch sich freiwillig einer Gesellschaft von Zauberern anschließt, in ihren Höllenbund eintritt und ihre Verpflichtungen auf sich nimmt, um auch ihrer Vortheile theilhaftig zu werden. Die Verpflichtungen aber, die der Neueintretende für seinen neuen Herrn übernimmt, werden sein: Absagung und Verwerfung des alten Herrn, nämlich Gottes und Christi, Gotteslästerung, Schändung des Heiligsten, Beschädigung des Nächsten, Hingabe an das Reich und an die Herrschaft des Satans, Beförderung und Ausbreitung dieses Reichs durch Verführung Anderer u. s. w. Dagegen wird der Satan als Gegenleistung versprechen: Ehre, Ansehen, Reichthum, Kenntnisse, Befriedigung der Fleischeslust, der Rachgierde und aller sinnlichen Genüsse,

---

1) Daß Satan sich sichtbar machen kann, daß er es thut, daß er sich sogar in einen Engel des Lichts verkleidet, ist Bibellehre: Mtth. 4, 1—11. 2. Crth. 11, 14.

Straflosigkeit für verübte Verbrechen, Gesundheit, langes
Leben u. s. w. Wer wird behaupten wollen, daß der
Satan alle seine Versprechen erfüllen werde? Im Ge-
gentheil wird er sich stets als den Vater der Lüge er-
zeigen; denn einerseits wird der Mensch durch Sinnen-
genuß und durch Erfüllung seiner Wünsche nie ersättigt,
nie ganz befriedigt, und andererseits ist der Satan ein
Lügner von Anbeginn, und wird es bleiben ohne Ende.
Auch in dieser Beziehung ist die Zauberei Betrug; der
Zauberer aber ist der Betrogene.

. In der katholischen Kirche hat es zu allen Zeiten
Heilige gegeben, die noch in ihrem Leibesleben mit der
überirdischen Welt im Verkehre standen, deren Blick in
die Zukunft reichte, deren geistiges Auge dem Anblicke
himmlischer Dinge offen stand, deren Kraft sich durch
Wunderthaten offenbarte, die mit Engeln, verklärten
Heiligen, selbst mit Christus Umgang gepflogen, die sich
in das Himmlische und in Christus hineingelebt, so daß
himmlische Wohlgerüche ihnen entströmten, daß himmlischer Glanz von ihnen ausstrahlte, daß sie in ihrem
sterblichen Leibe himmelwärts schwebten, daß sich die
Leidensmale des Herrn an ihnen abbildeten, daß ihre
Leiber nicht verwesten, so daß sie in jeglicher Weise mit
Wahrheit sagen konnten: Nicht mehr ich lebe, sondern
Christus lebt in mir (Gal. 2, 20). Wie aber kamen
manche Heilige zu solchen geheimnißvollen, außernatür-
lichen Zuständen? Einige erfreuten sich von ihrer ersten
Jugend an einer besondern Gnadenführung; die Gnade
hatte gleichsam sie gesucht, das Himmlische war selbst
ihnen entgegengekommen; sie aber folgten willig dem
Zuge nach Oben. Andere dagegen hatten vorher eine

schwere Schule durchzumachen, und erwarben sich solche
Gnadenzustände erst nach längerer Vorbereitung und
vieler Uebung, nämlich durch die Ascese. Außer der
geistigen Disposition für solche Zustände, Reinheit und
Heiligkeit der Seele, gehörte auch nothwendig bei Allen
eine gewisse körperliche Anlage dazu, um in den Verkehr
mit der höheren reinen Geisterwelt treten zu können,
insbesondere ein feineres Nervensystem. Dieß ist auch
die Ursache, daß mystische und ekstatische Zustände beim
weiblichen Geschlechte häufiger vorkommen. Ist aber
die geistige und körperliche Anlage zugleich vorhanden,
so wird einestheils die erstere durch heiligmäßiges Leben,
durch die beständige Richtung der frommen Gesinnung
auf Gott und göttliche Dinge immer noch mehr gehoben,
der Blick in die Regionen des Lichts immer mehr ge-
schärft, anderntheils aber wird zu gleicher Zeit durch
die Ascese das Leibliche geschwächt, das Irdische zurück-
gedrängt, der aufwärts strebende Geist von den leiblichen
Banden mehr und mehr gelöst, so daß endlich von den
beiden Gesetzen in uns das eine, das des Leibes, fast
gänzlich überwunden, und das andere, das des unsterb-
lichen Geistes, allein herrschend wird. Ist auf solche
Weise der Geist losgemacht vom Irdischen, und abgeschlossen gegen die Einflüsse der Körperwelt, dann durch-
bricht er die Scheidewand, die zwischen ihm und der
Körperwelt besteht, und der Geist tritt in Verkehr mit
den ihm gleichartigen Geistern. Bei diesem Aufsteigen
des Geistes in die höheren Regionen des Lichts führt
und zieht die von Oben ihm entgegenkommende Gnade.

Wie es aber beschaffen ist beim Aufsteigen in die
Lichtregion, ebenso verhält es sich beim Hinabsteigen in

das Reich der Nacht. Und gleichwie es nur sehr Wenige gibt, die auf der Jakobsleiter aufwärts sich schwingen in die Lichtregionen der Gnade, und wie selbst unter diesen Wenigen es wieder nur Einzelne sind, welche die höchste, für eine sterbliche Natur erreichbare Stufe gewinnen; so ist es umgekehrt beim Hinabsteigen in die Nachtregionen des Fluches. Es werden immer nur Wenige sein, die mit den Geistern der Nacht in Verkehr treten, treten können, und auch von diesen werden gleichfalls nur Einzelne gänzlich eingeweiht werden in die Kunst der Hölle. Auch für das Eindringen in das Nachtgebiet wird eine körperliche Anlage gefordert, und eine solche ist: ein reizbares Nervensystem, Hang zur Melancholie, Anlage zum Somnambulismus, zum magnetischen Hellsehen u. s. w. Diese körperliche Anlage wird gesteigert durch die diabolische Ascese, d. h. durch Uebung des Lasters, durch die bis zur Heftigkeit gesteigerten Leidenschaften u. s. w. Hat nun diese Ascese Leib und Geist des Menschen für den Einschlag des Ueberirdischen disponirt, so gibt endlich die natürliche Magie den Punkt, wo Natur und Unnatur sich berühren und in einander laufen.

Die natürliche Magie erregt das natürliche Leben auf eigenthümliche Weise und erhebt es über den gewöhnlichen Zustand, jedoch nur durch Anwendung natürlicher Mittel. Solche Mittel aber sind: Rauch, Dämpfe, Salben, etwa von narkotischen Pflanzen, Giften u. s. w.; und der Satan bedient sich solcher Mittel, um seinen Einschlag in die menschliche Natur zu vollziehen, und er thut es, um die Menschen in den Ketten des Aberglaubens, der Abgötterei und des Lasters fester zu halten. Ich erinnere hier nur an die alten Orakel, wo die auf dem Dreifuß sitzende Pythia durch den aus einer Erdhöhle oder Quelle aufsteigenden Dampf in die Begeisterung versetzt wurde. Wenn auch die meisten Aussprüche, die sie in ihrer Raserei von sich gab, nichts weiter waren als zweideutige Aussprüche schlauer Götzenpriester, wie z. B. die Aussprüche: Ibis, redibis, nunquam peribis, oder: Ajo te Ajacem magnam vim perdere posse; so kann dieß doch nicht von allen derartigen Aussprüchen gesagt werden, wie z. B. von dem bekannten Orakel, das Alexander erhielt, als er die Pythia auf die Probe stellte: Mir ist bekannt, was im Kessel dampft u. s. w., wo das Einwirken einer übernatürlichen Macht nicht in Abrede gestellt werden kann.

Wenn die Heiligen in der Ekstase hellsehend waren und mit Engeln oder mit Christus verkehrten; so wird es auch eine diabolische Ekstase geben, worin mit dem Fürsten der Finsterniß verkehrt wird. Wenn der Blick vieler Heiligen in die Entfernung und in die Zukunft reichte, so wird auch der Schwarzkünstler von seinem Herrn erfahren, was in der Ferne vorgeht, oder was die Zukunft birgt; hier jedoch nur das, was der geschärfte Verstand Satans aus den vergangenen und gegenwärtigen Ereignissen als zukünftig erschließt. Weil aber zukünftige Ereignisse nicht allemal nothwendige Folgen aus vorhergegangenen sind, so wird sich der Satan gar oft als Lügenprophet erweisen. Weil ferner der Höllengott bei all' seiner Macht doch nicht allmächtig ist und der Mensch in seiner Ungenügsamkeit mehr von seinem Herrn verlangen, als dieser seinen Clienten leisten kann; so wird der Teufel gar oft gezwungen sein, um seinen Schützling bei guter Laune, sich selbst im Ansehen zu erhalten, diesem statt der verlangten Güter Scheingüter zu gewähren. Und so wird der Zauberer meistens selbst der Betrogene sein.

Daß es ein wirksames diabolisches Zauber= und Hexenwesen gebe, ist zu allen Zeiten und bei allen Völkern eine ausgemachte Wahrheit gewesen; und wenn dem Sprüchworte: Vox populi, vox Dei (Volksstimme, Gottesstimme), je eine Wahrheit zu Grunde lag, so wird es hier Geltung haben, da der Zauber= und Hexenglaube gewiß die am weitesten tönende Vox populi ist, weil auch nicht e i n Volk, weder der alten noch der neuen Zeit aufgeführt werden kann, das nicht an die diabolische Kunst geglaubt hätte. Wenn auch in diesem Gebiete der Nacht dem Betruge und dem Irrthume weite Thore offen stehen und auch bei den meisten vorkommenden Fällen Alles auf Betrug und Irrthum hinausläuft; darf man deßhalb behaupten, Alles sei Betrug und Irr= thum? Irrthum hebt die Wahrheit nicht auf, sondern setzt sie voraus. Zu allen Zeiten hat es wahrhaft Fromme gegeben; will man dies wegläugnen blos deßhalb, weil es mehr solche gibt, die sich selbst für fromm halten, oder sich blos fromm stellen, ohne es wirklich zu sein —?

Der Beweis für das Zauber= und Hexenwesen liegt keineswegs in jenen Hexenprozessen und in den Aussagen jener unglücklichen Schlachtopfer, wenn gleich dieselben gerichtlich constatirt sind; sie bleiben deßungeachtet im= mer sehr trübe und trügerische Quellen. Aber es gibt auch Dokumente, deren Beweiskraft nicht so leicht er= schüttert werden kann: Aussagen solcher, die nicht den Feuertod erlitten, nicht durch die Folter zum Geständ=

niffe gezwungen worden; Zeugniffe folcher, bie burch
tiefe Reue fich mit ber Kirche wieber ausgeföhnt; bann
Zeugniffe und Beweife von folchen, bie ben Willen und
bie Einficht hatten, bie Wahrheit vom Scheine zu un=
terfcheiben. Joseph v. Görres führt in feiner chriftlichen
Myftik folche Beifpiele zur Genüge an und erflärt babei
bie biabolifche Myftik von ihren erften Anfängen an bis
herab in bie Tiefen bes Nachtgebiets. Juftinus Kerner hat
Manches entbeckt, aber nicht aufgefchloffen, wie Görres; ba=
zu fehlte jenem ber Schlüffel: bie katholifche Anfchauung.

Die chriftliche Kirche hat zu allen Zeiten geglaubt,
baß es eine wahrhafte und wirkfame biabolifche Zauberei
gebe, und hat fich immer bemüht, biefelbe, nicht aber
ben Glauben an ihre Exiftenz, unter bem Chriftenvolke
zu befeitigen. Die katholifche Kirche hat auch Heilmittel
gegen bie Wirkungen bes Zaubers: ihre Benebictionen,
Sakramentalien, Exorcismen, und insbefondere ihre
Exorcismen contra maleficia, wie bas römifche und
jebes Diöcefan=Rituale folche enthält. Was hätten biefe
Exorcismen contra maleficia für eine Bebeutung in
ber katholifchen Kirche, wenn bie burch Zauber zuge=
fügten Befchäbigungen, b. h. bie maleficia, eine bloße
Erbichtung ber Dummheit und bes Aberglaubens wären?

Auch bie heiligen Kirchenväter eifern gegen bie
fchwarze Kunft; fie lehren aber nicht, baß biefelbe blos
Wahn und Aberglaube fei, fonbern fie wirb ein Freunb=
fchaftsvertrag zwifchen Menfchen und Satan genannt.
So z. B. fchreibt ber hl. Auguftin lib. 2 de doctr.
Christ. cap. 33. Omnes igitur artes hujusmodi
(magiae) vel nugatoriae vel noxiae superstitiones,
ex quadam pestifera societate hominum et daemo-

num quasi pacta quaedam infidelis et dolosae ami-
citiae constituta — penitus sunt repudiandae et fu-
giendae Christiano (alle derartige (magische) Künste also,
deren Bestand auf eine Art von Vertrag ungetreuer und
betrüglicher Freundschaft sich gründet, muß der Christ
gänzlich verwerfen und fliehen). Derselbe hl. Augustin,
der tiefste Denker und größte Gelehrte des christlichen
Alterthums, zeigt auch die Anwendung der natürlichen
Magie zu den Wirkungen der diabolischen, da er de
civ. Dei 21, 6 schreibt: „Die Teufel werden angereizt,
die Geschöpfe zu besitzen, durch mancherlei Steine, Kräu-
ter, Holzarten, Thiere, Worte und Gebräuche."

Endlich reden auch die hl. Schriften des alten und
neuen Testaments in gar vielen Stellen von der Zauberei, theils diese Teufelskünste erzählend, theils sie ver-
bietend. Die merkwürdigste dieser Erzählungen ist ohne
Zweifel jene von ägyptischen Zauberern, deren Wunder
oder Blendwerke, wie alle Exegeten eingestehen (siehe
Allioli's und Reischl's Erklärung ad Exod. Cap. 7
& 8), mit Hülfe des Teufels hervorgebracht wurden.
Es ist wahr, daß die meisten von Zauberei sprechenden
Stellen der heiligen Schrift sich auch dahin erklären
lassen, daß die Zauberer nichts als Betrüger waren,
die bloß vorgaben, etwas Großes zu sein, und daß
die Verbote gegen die Zauberei eigentlich gegen die Betrügereien der vorgeblichen Zauberer gerichtet waren;
allein von allen derartigen Aussprüchen der heiligen
Schrift kann dieß nicht gesagt werden, namentlich nicht
von 2. Thess. 2, 9, wo es vom künftigen Sohne des
Verderbens heißt: „Seine Ankunft geschieht gemäß der
Wirkung des Satans mit allerlei Kraft, Zeichen und

falschen Wundern"; und in der Offenbarung 13, 13
lesen wir von demselben: „Und es (das Thier) that
große Zeichen, so daß es sogar Feuer vom Himmel
fallen machte vor den Augen der Menschen." Bei Mtth.
24, 24 endlich sagt Christus selbst: „Es werden falsche
Christuse und falsche Propheten aufstehen und sie wer=
den Zeichen und Wunder thun (Allioli sagt: mittelst
des Satans), so daß auch die Auserwählten, wenn es
möglich wäre, in Irrthum geführt würden."

Wer darf solchen Aussprüchen entgegen die Mög=
lichkeit der Zauberei läugnen und den Tausenden von
Thatsachen gegenüber ihre Wirklichkeit bestreiten? Ich
führe zum Ueberfluß noch eine Stelle aus Allioli an,
die er bei der Erklärung der Geschichte der Zauberin
von Endor (1. Reg. 28) als Anmerkung beisetzt: „Daß
die Todtenbeschwörung wie die ganze Wahrsagerei größ=
tentheils Gaukelei und Betrug war, ist ohne Zweifel;
aber daß der Feind des menschlichen Geschlechts diese
Künste benützte, um seine Macht auf Erden zu erhalten
und zu erweitern, erhellt nicht blos aus der Versiche=
rung der Schrift, daß er sich falscher Wunder bediene,
sondern auch aus der Unmöglichkeit alle Werke der
Zauberer als Gaukelei und Betrug zu erklären."

Nur der späteren Zeit war es vorbehalten, nicht
blos das Hereinwirken der dämonischen Kräfte in die
sichtbare Welt, sondern den Dämon selbst weg zu de=
monstriren, jener Zeit des flachsten Philosophismus, die
sich selbst so gerne die „aufgeklärte" nannte, die aber
auch Alles, was sie nicht mit Händen greifen, mit dem
Zollstab messen, nach Pfunden wägen konnte, in das
Gebiet der Einbildung zu verweisen suchte. Natürlich,

der Teufel findet dabei für sich bessere Rechnung. Wo man nicht an Diebe glaubt, dort werden auch nicht die Schätze vor ihnen sicher gestellt. Der Teufel ist eben kein gar so dummer Teufel; seine Schlangennatur hat er noch nicht abgestreift. Er benützt die Zeit des Unglaubens mit nicht geringerem Erfolge als die Zeit des Aberglaubens, der Rohheit und Leichtgläubigkeit; er weiß jedesmal reichen Gewinn zu machen. Jetzt hat er nicht nöthig, das ungläubige Geschlecht zum Hexensabbath auf den Bloxberg in der Walpurgisnacht einzuladen, um es dort Theil nehmen zu lassen an den Gelagen der Unzucht, der Völlerei und jeglichen Teufelsdienstes: solche Hexensabbathe und Teufelsunterhaltungen werden jetzt öffentlich, am hellen Tage und bei erleuchteter Nacht, überall gehalten. Sein sichtbares Mitwirken würde jetzt sein eigen Werk zerstören. Grund genug, sich jetzt seltener zu zeigen als früher.

So unser Theolog. Und seine Ansicht steht nicht in der Luft: sie ist beachtenswerth. Ist sie aber durchweg richtig und trifft sie das Hexen- und Zauberwesen, wie es hauptsächlich vom 15. bis 18. Jahrhundert auftritt, so ist es doch etwas verwunderlich, daß die Kirche so lange nicht dagegen aufgetreten ist, ja sich nie als Kirche damit eigentlich befaßt hat.

Ferner beweist unser Theolog doch mehr, als genau genommen in den von ihm zu Anfang aufgestellten fünf Grundsätzen folgt; auch geht er von der Theologie in die Mystik über und wir verweisen dießfalls auf das Oben gegen die mystische Ansicht Vorgebrachte.

Ist die vorgetragene theologische Ansicht endlich auch biblisch begründet, so ist damit der vulgäre Hexenglauben und ein gewisses Hexen- und Zauberwesen weder nach seiner Zeit, noch nach seinem eigenthümlichen Auftreten erklärt: so toll, burlesk und doch so grauenvoll.

Die Kirche läßt und ließ sich nie mit dem Hexenprozesse ein. Eine Heilsökonomie läßt sich denken und glauben, aber keine ganz parallele Teufelsökonomie daneben, in welcher Unheilige eine teuflische, wie die Heiligen eine göttliche Rolle spielen; denn dafür hätte sie weder in der schriftlichen noch mündlichen Tradition Anhaltspunkte. Kirchenväter vertreten hier die Kirche nicht und zudem gibt es große Kirchenlichter, die sich entschieden gegen Hexerei und Hexenglauben ausgesprochen haben. Noch ist unsere Frage freigegeben, noch, wie uns scheint, weder historisch begründet, noch psychologisch gelöst.

Haben wir den verschiedenen Ansichten Rechnung getragen und sie klar dem Leser vorgeführt und nicht mit einer derselben uns gänzlich einverstanden erklären können, so müssen wir nun unsere Meinung über das Hexen- und Zauberwesen, wie es vom 15. bis in's 18. Jahrhundert in seinem Entstehen, Blühen und Vergehen erscheint, darlegen. Es soll in möglichster Kürze geschehen.

Sechstes Kapitel.

Unsere Meinung von der Hexerei der genannten Zeitperiode.

Unsere Meinung von der Hexerei wird vorweg auch durch ein sich überall, zu allen Zeiten, auf materiellem wie geistigem Gebiete geltend machendes Gesetz bestätigt:

Nirgends Lücke und Leere, überall nothwendiger Ueber=
gang, Varietäten aber aus ein und derselben Gattung.
So entstand die Hexerei genannter Periode aus der
Ketzerei der ihr unmittelbar vorangehenden Zeit, und
wie die Ketzerei betrieben und behandelt ward, so ihre
Base, wenn nicht Tochter, die Hexerei. Beide entstehen
aus Unglauben, Unklarheit, Hochmuth, Ueberspannung,
sind Wahngeschöpfe, mißhandeln und werden mißhandelt
und wachsen dabei, bis ihnen mit Kraft und Vernunft
entgegengetreten wird. Eben war der Ketzerei und Ketzen=
riecherei das Handwerk gelegt worden: da erhob sich
die Hexerei. Denn noch waren die Gemüther Vieler
nicht frei vom eben unterdrückten Wahne und in dem
gesäuberten Hause traten ärgere Geister auf, so daß es
mit den Menschen schlimmer ward denn zuvor.

Hier in möglichst gedrängter Darstellung der ge=
geschichtliche Beweis für die so eben ausgesprochenen
Sätze.

Die besten Quellen der Geschichte des 13. Jahr=
hunderts und die verläßigsten Geschichtschreiber jener
Zeit bis herab auf unsere Tage sind darüber einig, daß
gerade im 13. Jahrhundert Deutschland der Boden für
grobe Ketzereien war. Ein Wahn rief den anderen
wider sich auf. Zu Ketzerhetzern und Richtern warfen
sich Fanatiker auf, wie der Dominikaner=Laienbruder
Conrad Dorso, der mit dem einäugigen, verstümmelten
und wahrscheinlich durch und durch schuftigen Laien Jo=
hannes in Oberdeutschland auftrat, mit der Lüge oder
dem Wahne, er habe die besondere Gabe, Ketzer zu er=
kennen. Obwohl er zunächst nur gegen das niedere
Volk wüthete und Manche mit dem Feuertode vernichten

ließ, freute sich doch das verblendete Volk solcher Glau-
bensreinigung. Bald wagten sich nun Beide an die
höheren Stände und die Richter bequemten sich ihnen
auch hier, so daß Mehrere kurzweg zum Feuertode verurtheilt wurden.

Außer Trier und Köln war Mainz ein Haupt-
schauplatz von Häretikern. Gegen diese trat Conrad von
Marburg, der bekannte Beichtvater der hl. Elisabeth von
Thüringen auf und zwar in Verbindung mit den genannten Conrad Dorso und Johannes. Auch jetzt klagte
man wieder Anfangs nur Bauern an: wer bekannte,
ward gerichtet; wer nicht bekannte, mit der Folter zum
Geständnisse gebracht, und wer selbst der Folter widerstand, eben dadurch als hartnäckiger Ketzer für über-
wiesen erachtet. — Ganz wie bei der späteren Hexerei:
was man suchte, fand man, ein Entrinnen war selten
möglich.

Aufrichtig bedauerte der Weltklerus diese Procedur
und Grausamkeit. Das Volk hatte eine Ahnung von
vorhandenen Ketzereien und fuhr auf die Opfer los,
wie Hunde gegen einen Hund, der geprügelt wird. Da
können die Besten noch nicht eingreifen, so tief ihnen
der Jammer zu Herzen geht. Doch lesen wir vom Erz-
bischofe Siegfried von Mainz und dem Dominikaner
Bernhard in ihren Berichten an den Papst im Jahre
1234, wie richtig diese Männer jene Ketzergerichte durch-
schauten und wie offen sie sich dagegen aussprachen.
„Ich, sagt unter Anderem der genannte Erzbischof, Ich
habe den Magister Conrad zuerst unter vier Augen,
sodann in Gemeinschaft mit den Erzbischöfen von Köln
und Trier ersucht, er möge doch mit mehr Mäßigung

verfahren; aber er gab nicht Ruhe und predigte zuletzt
in Mainz öffentlich das Kreuz gegen die Ketzer."

Einen Grafen von Sayn, einen christgläubigen,
reichen und mächtigen Mann nahm jetzt Conrad auf
das Korn. Dieser aber bat um eine Synode, auf der
er und Conrad zu Mainz erschien, wo sie am 25. Juli
1233 gefeiert wurde. Conrad ward daselbst ganz und
gar widerlegt und der Graf gebührend freigesprochen.
Conrad murrte und begann das Kreuz sogleich in Mainz
gegen diejenigen zu predigen, welche auf der Synode
nicht erschienen waren. Aber wenige Tage nachher
ward er auf seiner Rückreise von Mainz nach Marburg
sammt seinem Begleiter, dem Minoriten Gerhard von
Lützelkolb, von einigen Adelichen, die er verfolgt hatte,
am 30. Juli 1233 erschlagen. Nun schwand der Alp
von den Herzen und viele Unschuldige traten hervor
und zeigten, wie sie nur gezwungen und aus Furcht
sich für schuldig bekannt hatten. Auch der Papst miß=
billigte das Verfahren Conrads und sprach seine Ver=
wunderung darüber aus, wie man eine so unerhörte
Weise so lange habe ertragen können. Daß er aber
seine Leute kannte, zeigt die beigesetzte Bemerkung des
Papstes: „Die Deutschen waren stets furios, darum
bekamen sie auch furiose Richter." So verlor sich die
Ketzerverfolgung, so bald gegen sie milde Gerechtigkeit
und Vernunft Raum gewonnen. Und wo dieß nicht
der Fall war, ward das Uebel nur mit einem Pal=
liativmittel behandelt und so niedergehalten, daß an
seine Stelle ein verwandter Wahn treten konnte: das
war die Hexerei. Eine Krankheit erzeugt bei falscher

Behandlung oder bei dem Vorhandensein unerkannter
Ursachen die andere.

Hier der geschichtliche und psychologische Beweis
für unsere Meinung von der Hererei der genannten
Zeitperiode. Wie die Ketzerei ward auch sie gesteigert
durch die Folter und Mißhandlung bis zum grausamen
Tode. Aber Ketzerei und Hererei gingen nacheinander
und auseinander hervor, waren vor der Tortur da und
gehören nicht unter jene Erscheinung, die man Hysteron-
proteron nennt; beide sind Excesse: jene in Beziehung
auf die gottgeordneten Schranken höherer Autorität, diese
in Beziehung auf die gottgeordneten Schranken der
menschlichen Natur.

Aus dem bisher Gesagten und Dargestellten ist
ersichtlich, was wir von Hererei und Zauberei halten
und daß wir es hauptsächlich mit der Frage nach der
Erklärung oder Lösung jener räthselhaften Erscheinung
fraglicher Zeitperiode zu thun haben.

Ohne dem Glauben der Kirche zu nahe zu treten,
glauben wir sagen zu dürfen: wenn je reelle Hererei
und Zauberei vor oder nach Christus verübt worden
ist, so muß es nach Allem, was die Geschichte uns davon überliefert, selten vorgekommen, aber vom Aberglauben wie Gold breit geschlagen worden sein. Daß
es zu allen Zeiten verirrte Menschen gibt, die zu ihren
meist thörichten Zwecken jedes Mittel für gut finden und
daher jeder Verirrung preisgegeben sind, Zauberer und
Hexen von ganzer Seele, mit großer Schuld vor Gott
und den Menschen, Zauberer und Hexen, die Alles unternehmen wollen und nichts durchsetzen, als daß sie sich
schmählich betrügen, ist bekannt. Daher die allgemein

verbreitete Sage, wie der Teufel ~~das geschenkte Gott~~
in Scherben, ~~welke Blätter u.~~ dgl. verwandle. Es gab
und ~~wird stets~~ Zauberkreise geben, welchen der Mensch
nicht ungestraft nahen darf, Geister, deren man sich bemächtigen möchte, und deren Herr man nicht mehr werden kann, wie Göthe's Zauberlehrling. Solche in sich
zerfallene und bald auch äußerlich zerfallene Menschen
gaben das Bild und den Stoff zu Hexen und Hexenprozessen: Zeit und Wahn übermachten es uns und ver-
vielfältigten es aus allen Kräften. Zum Abenteuerlichen
haben die Menschen von Natur einen Hang: sie ahnen
einen geheimnißvollen Schleier und möchten ihn lüften
oder hören, wie Andere ihn gelüftet und was sie ge-
schaut haben. Wie ein Mensch mehr Hang dazu hat
als ein anderer, so ist es auch mit gewissen Zeiten.
Je stärker sich die Vernunft dagegen erhebt, desto mehr
zieht sich der Hang in's Innere Ueber- und Abergläu-
biger zurück und nimmt Sagen für Thatsachen. So
erhält sich der Glaube an Hexen, wie einst der an die
Vampyr's, oder der neuere an die ungeheure Seeschlange.
Der Mensch greift nach dem Ungeheuerlichen und seine
Phantasie ist ihm behülflich. Kein Jahrhundert bleibt
unberührt vom vorigen, es erbt seinen Sinn und seinen
Unsinn und Niemand erhebt sich ganz über seine Zeit.

Der grellste und abgeschmackteste Hexenglaube lebt
noch in vielen Köpfen des Volks und ist leider durch
viele Umstände z. B. durch zu weitgehende Aufklärung,
zu nüchternen Glauben, nie fehlenden Unglauben, mit
dem besseren Glauben verwachsen, wie Stein und Erde
mit edlen Metallen. Und doch ist es sehr bezeichnend,

daß das Volk von einer verwirrten Sache zu sagen pflegt: Das ist ein Hexenprozeß.

Damit wird jeder Geschichtsforscher einverstanden sein, daß dem Heidenthum der Glaube an Hexerei ziemlich natürlich war und von diesem in das Christenthum auf geheimen Wegen eindrang. Je dunkler die Zeiten, desto lustiger wuchs diese Gift- und Sumpfpflanze, ein Nachtschatten des Geistes. Die Hexereien und die Hexenprozesse vom 15. bis in's 18. Jahrhundert gehören dem alten Heidenthume und dem neuen Zeitwahne an: wir fanden nichts Reelles hinter ihnen. Je weniger Realität ein Wahn hat, desto furchtbarer macht er sich geltend, wenn ihm keine ächte Cultur entgegentritt. Das ist eine unbestreitbare psychologische Wahrheit. Gründe heilen Wahn und Einbildung fast nie, sondern machen sie verstockt: sie fühlen sich verletzt und drängen sich stärker auf. Kommt aber dazu noch eine falsche Behandlung, so werden sie beinahe unheilbar und zu einer vollständigen Zeitkrankheit, die so lange wüthet, bis sie sich selber abschwächt oder man ihren Grund und Ursprung entdeckt und darnach zu erfolgreichen Mitteln greift.

Tritt also der Unsinn des Hexenwesens greifbar im 15. Jahrhundert auf, so haben wir eine Ernte, deren Saat wir im 13. und 14. Jahrhundert als Repristination heidnischer Ideen in Verbindung mit falschem Christenthume suchen müssen. Ueber das 13. Jahrhundert, wo die ersten Spuren jenes alten Wahnes auf's Neue zu Tage treten, hat Leibnitz, einer der gelehrtesten Männer seiner Zeit

und scharfsinnigsten Kenner der Geschichte, die Bemer=
kung gemacht, es sei das dummste, wenn ihm nicht
etwa das nächstfolgende den Rang streitig macht. Wir
möchten es nicht sowohl das dummste, als vielmehr das
abgespannteste nennen, in welcher Abspannung
es allerdings den Eindruck der Dummheit auf uns ma=
chen kann. Und woher diese Abspannung des 13. Jahr=
hunderts? Wie im Leben des einzelnen Menschen er=
folgt auf einen thätigen, hinreißenden Tag eine noth=
wendige Erschöpfung, in welcher wir denselben Menschen
kaum mehr erkennen: er ist körperlich und geistig ganz
anders geworden. So geht es auch dem Jahrhundert,
dem Völkerleben, nur in größeren Perioden; weil die
Anstrengung länger dauert, muß auch die Erschlaffung
zur Sammlung neuer Kräfte andauernder sein. Das
13. Jahrhundert war eine Zeit, in welcher die Völker
aus einem thätigen Morgen und heißen Mittag in einen
müden, ja unheimlichen Abend eintraten. Die Kreuz=
züge, ihre Begeisterung und Arbeit waren dahin. Der
fromme Thatensinn der Völker machte einem in sich ge=
kehrten stillen Hinbrüten Platz. Literatur, Philosophie,
Theologie, selbst die Kunst werden matt und wo sie sich
erheben wollen, unbestimmt und manierirt. Das bezeugen
die Geisteswerke der Gelehrten, wie die Gemälde und
Bauten jener Zeit. Oder sehen wir nicht die Scholastik
der Vorzeit in Scholasticismus übergehen, die Philosophie
als armselige Magd ohne alle Berechtigung vor der
Theologie stehen, Medicin und Jurisprudenz vom Aber=
glauben erfaßt und von einer engherzigen Theologie ge=
gängelt, das Sinnen und Streben so Vieler, dem Abend=
dunkel entsprechend, und Astrologie und Alchemie ver=

irrend? Aus der dahingeschwundenen frommen Glaubens=
begeisterung für das Kreuz blieb unter manchen Errun=
genschaften auch ein trüber Rest von krankhaftem Sün=
denbewußtsein. Der Buchstabe tödtete, weil der lebendige
Geist entschwunden war. Statt vieler Beweise nur
einen: aus. und neben den edlen Söhnen eines heil.
Franziskus entwickelten sich Fanatiker im 13. Jahrhun=
dert, jene Zeloten, die gegen sich und Andere so grob
sich verirrten, daß sie als Fraticellen sich aufthaten, gegen
die Kirche und die Gesellschaft sich auflehnten, bald
zu einem elenden Gesindel herabsanken, gegen das Kirche
und Volk zuletzt ernstlich kämpfen mußten, bis es end=
lich traurig unterging.

So verirrte das Sündenbewußtsein mehr und mehr
und wer war da, es auf die rechte Bahn zu leiten?
Mehr und mehr schrieb man gewisse Sünden auf Rech=
nung des Teufels und so bildete sich eine traurige Dä=
monologie aus, der von den Kreuzzügen aus dem phan=
tasiereichen Oriente mancher Vorschub geleistet worden
sein mag. — Dazu ein sichtbar sinkender Glaube, wel=
cher nur dem Aberglauben Platz machte. Endlich welche
Gestalten im 14. und Anfang des 15. Jahrhunderts!
So voll Widerspruch, abenteuerlichen und räthselhaften
Wesens, wie sie nur auf dieser Grenzscheide des Mittel=
alters und der Neuzeit möglich waren. Da konnten
und mußten Hexen und Hexenprozesse gedeihen.

Ueberblicken wir diese nur kurz berührten Momente
in Verbindung mit einigen schon oben angeführten, so
müssen wir zugeben, daß das traurige Hexenwesen so
entstanden sein kann und daß Geschichte und Psychologie
uns dabei nicht widersprechen. Eine endemische

und epidemische Geisteskrankheit der Zeit war das Herenwesen vom 15—18. Jahrhundert und hat ein dämonisches Reich damit zu thun gehabt, so hat es keiner wirklichen Hexerei bedurft, sondern nur der Pflege des Wahns, der in allen Köpfen spuckte.

Aber, wendet man uns ein, soll denn Niemand auf den einfachen Grund gekommen sein, die Sache als Wahn und Zeitkrankheit zu betrachten? — Dafür war nur zu lange und zu gut gesorgt. Denn wer das auszusprechen gewagt hätte, wäre das sichere Opfer des Wahns gewesen. Ueberdieß spielt unstreitig die grobe Sinnlichkeit und Wohllust bis zur Unnatur eine Hauptrolle im Hexen= und Zauberwesen jener Zeit und da ist es ganz erklärlich, daß man sich nicht wohl auf Beobachtung und Untersuchung einlassen konnte und mochte.

„Jeder hundert Jahre Lauf," sagt der berühmte Exeget und Historiker Augustin Calmet in seinem Buche Gelehrte Abhandlung von der Materi, „jeder hundert Jahre Lauf, jedes Volk, jedes Land hat seinen besonderen angenommenen Wahn, seine gewisse Krankheiten, seine gewisse Art, seine besondern Neigungen, die es von anderen unterscheiden, auch selbst kommen und vergehen."

Dieser ungewöhnlich gelehrte Mann hat unter vielen Schriften auch die obige verfaßt und erzählt uns eine Menge der seltsamsten Geistererscheinungen, so daß man sieht, wie er auch an der Last oder dem Irrthum seiner Zeit tragen mußte. Nichts desto weniger kommt er auf den Gedanken, den wir so eben ausgesprochen haben bei Erklärung des Hexenwesens. Denn im 32.

Kap. S. 279 seines angeführten Buchs (dessen 2. Auf=
lage, in's Deutsche übersetzt, im Jahre 1752 vor uns
liegt), schreibt der so fromme und glaubige Benediktiner
und ausgezeichnete Theolog Folgendes:

„Seltsame Wirkungen der Einbildung
in denen, welche glauben, sie haben fleisch=
liche Gemeinschaft mit dem Teufel."

„Wenn man zur Regul setzt, daß die Teufel gar
nichts materialisches an sich haben, sondern pure Geister
seien; so folgt für sich selbst, alles was man von fleisch=
licher Gemeinschaft zwischen denen Teufelen und Men=
schen, mann= oder weiblichen Geschlechts vorgibt, seie
nicht nur etwas abentheurisches, sondern auch an sich
unmögliches, mithin eine bloße Wirkung einer etwas
verruckten oder lasterhaften verkehrten Einbildung.

Meines Orts halte ich dafür: mehr gemeltes altes
Buch, welches den Titul Enoch führt, und von einigen
Alten, vermuthlich Juden, für ein heiliges oder göttliches
Buch ist angesehen worden, habe zu jenen Worten Moy=
ses (1. B. Mos. 6, 1.) Anlaß gegeben, wo gesagt wird:
„Als die Kinder Gottes die Töchtern der Menschen von
außerordentlicher Schönheit gesehen; haben sie selbige
für Weiber genommen, und mit ihnen die Riesen ge=
zeugt;" welches kann dahin verstanden werden: die
Engel haben sich von der Liebe der Töchtern der Men=
schen einnehmen lassen, selbige geheirathet und mit ihnen
jene im Alterthum so berufene Riesen erzeugt; haben
auch einige der alten Vättern gemuthmaßt: diese fleisch=
liche Liebe der Engeln seie die Ursache des Falls der
bösen Engel gewesen, bis dahin aber seien sie Gott
ihrem Erschaffer getreu und gehorsam geblieben. Athe-

nagoras & Clem. Alexandr. l. 3 & 4. Strom. & l. 2. Paedagog. Es erhellt auch aus Joseph, dem jüdischen Geschichtschreiber, Antiq. l. 1. c. 4, die Juden seiner Zeit haben ernstlich geglaubt, die Engel seien nicht minder als die Menschen solchen Schwachheiten unterworfen.

Auch der H. Martyrer Justinus hat geglaubt, in utraque Apologia: Die Teufel seien aus gedachter Gemeinschaft mit denen Töchtern der Menschen entsprossen: heut zu Tag aber, und seit man erkannt, die Engel und Teufel seien pure Geister, seind solche Meinungen fast gänzlich gefallen. Haben auch alle übrige Bätter und Schrift-Ausleger obgemelte Stelle der Schrift Genes. 6 auf die Kinder Seths, welche zum Unterschied der Nachkommen Kains Kinder Gottes genannt werden, verstanden. Nachdem nemlich die Nachkömmlinge des frommen Seths sich mit denen Töchtern der Nachkommen Kains, welche verkehrt waren, gemein gemacht und sie zu Weibern genommen hatten; zeugten sie mächtige und gewaltthätige böse Kinder, welche hernach den Zorn Gottes, und die allgemeine Sündfluth über die Welt gezogen haben.

Diesem nach gehört dann die Heirath der Kindern Gottes mit denen Töchtern der Menschenkindern, gar nicht zu der Materie, von welcher wir dahier handeln: ob nemlichen die Teufel fleischliche Gemeinschaft mit denen Menschen beiderley Geschlechts pflegen, und diese zu denen Erscheinungen der bösen Geistern, von welchen dieses Werk fürnemlich handelt, könne gerechnet werden.

Torquemada (spanischer Großinquisitor, geboren 1388) bringt einige Exempel bei, sonderbar von einer jungen adelichen Fräulein zu Calliari (Cagliari), der

Hauptstadt von Sardinien, die er selbst gekannt, welche sich vom Teufel durch fleischliche Gemeinschaft also weit hat verblenden lassen, daß, als sie durch die Inquisition zum Feuer verurtheilt wurde, sie dem Scheiterhaufen, in der närrischen Hoffnung, ihr Liebhaber werde sie retten, ganz unerschrocken zugegangen ist.

Ferners erzählt er von einer Fräulein, welche von einem adelichen Herrn zur Ehe gesucht wurde: der böse Geist nun nahm die Gestalt dieses Herrn an sich, besuchte die Fräulein einige Monat lang, versprach ihr die Ehe, und mißbrauchte sie. Sie wurde auch des Betrugs ehender nicht gewahr, bis der adeliche Herr von seiner Reiß zurückkam, und sie versicherte, daß er an dem Tag, an welchem das Ehe=Versprechen geschehen seyn sollte, mehr als fünfundzwanzig teutsche Meil von der Stadt abwesen gewest seye. Die Fräulein erschrack darüber dermassen, daß sie, um ihre doppelte Sünd, der Unzucht und der Gemeinschaft mit dem Satan ab= zubüssen, in ein Kloster gieng.

Im Leben des hl. Bernardi von Clarvo (Clairvaux) wird von einer Frauen von Nant (Nantes), einer Stadt in Bretan (Bretagne) gelesen, welche sechs Jahr lang mit dem bösen Geist, der alle Nacht, wenn sie auch neben ihrem Ehemanne im Bett lag, zu ihro kam, fleisch= liche Gemeinschaft hatte oder zu haben vermeinte. Als sie sodann endlichen vor solchem Laster ein Grausen faßte, und es beichtete; rathet der Beichtvatter ihro ver= schiedene Andacht=Uebungen, damit sie Verzeyhung ihrer Straf erlangete, und zugleich von ihrem abscheulichen Liebhaber frey wurde.

Weilen sie indessen die Sach nicht geheim genug

hielt und mithin ihr Ehmann selbige in Erfahrnuß brachte; verließ er sie und wollte sie nicht mehr ansehen, noch behalten. Wehrendem diesem machte ihro der böse Feind selbst zu wissen: der hl. Bernardus werde nach der Stadt kommen; verboth ihro aber mit demselben zu reden; indem er (wie der Teufel vorgab) ihro doch nicht helfen könnte: wann sie mit Bernardo redete; würde es zu ihrem größten Unglücke seyn; indem er, anstatt er bis dahin ihr Liebhaber geweßt seye, solchemfalls ihr ärgster Feind und Verfolger seyn wolle. Allein tröstete der hl. Bernardus die Frau, befahl ihro sich beym schlafengehen mit dem hl. Kreutz zu bezeichnen, und den Stecken, den er ihro gab, zu sich zu legen. Der Teufel kam auch: darfte sich aber dem Bett nicht nähern, sondern drohete ihr nur aufs ärgste, wie er sie nach der Abreis des hl. Bernardi verfolgen und mißhandeln wolle. Sonntags darauf trat der hl. Bernardus mit denen Bischöfen des Orts und von Schartr (Chartres) in die Haupt-Kirch, ließ dem gesamten in großer Menge zugeloffenen Volk brinnende Kertzen austheilen, erzählte sodann die Schandthat des bösen Geistes öffentlich, beschwur und fluchte sofort denselben, und verboth ihme durch den Gewallt Christi, für's künftige mit der gemelten und andern Weibs-Personen alle Gemeinschaft: das Volk löschte darauf die Lichter aus, und der Gewallt des Satans wurde zernichtet.

Nun könnte man aus diesen so ausführlichen Umständen muthmassen, es wäre an solcher Gemeinschaft des bösen Geistes mit denen Weibern etwas wesentliches. Wann man aber die Sache reiffer überlegt; so findet sich, daß eine heftige Einbildung bei Leuten, die daran glauben, alles, was man daran vorgibt, wirken könne.

Um dahero dieser Frauen zu helfen, heylte der hl. Bernardus vorderst ihre Einbildung durch Dareichung seines Steckens, auf dessen Kraft sie ein vestes Vertrauen faßte. Um sie sodann vollkommentlich gesund zu machen, stellte er ein öffentliches Gepräng an, trat mit zwey Bischöffen in die Kirch, stellte die Sach mit ausdrücklichen Worten vor, ließ dem Volk brinnende Kerzen austheilen, bediente sich kräftiger Beschwörungen, Flüche und Drohungen, befahl sofort die Lichter auszulöschen: welches alles die Frau also bewegte, daß ihre Einbildung dardurch gänzlich geändert, ausgeheitert und gesund wurde.

Hieronymus Cardanus (geb. 1508), Variet. l. 15. c. 80. p. 290 beweißt durch zwey Exempel, wie weit die Einbildung des Menschen hierinfalls gehen könne. Diese hatte er von Francisco de la Miranda; welcher ihm sagte: ich hab einen Priester von fünfundsiebzig Jahren Benedictus Beina mit Namen gekennt, welcher mit einer vermeinten Weibs-Person (die er Hemelina nannte) gelebt, geredt, geschlafen, und sie als wenn sie sein rechtmäßiges Eheweib geweßt wäre, mit sich in der Stadt herum geführt hat. Er allein sahe sie oder glaubte, er sehe sie. Man hielt ihne dahero für einen Wahnsinnigen, der den Verstand verloren hätte. Indessen wurde er durch die Inquisition eingezogen, und nach denen Gesäßen derselben gestraft, weilen er auf der Folter bekannte: er habe in der Meß die sakramentalische Wort ausgelassen, denen Hexen oder Zauberinnen gewandelte Hostien zu ihren Künsten mitgetheilt, das Blut der Kindern gesogen u. s. w.

Ein anderer, Pincta mit Namen, welcher zur Zeit Franziski Miranda (geb. 1495) noch lebte, unterhielt über vierzig Jahre lang einen Teufel für sein Weib.

Ferners kan auch eine übertribene und allzube= schauliche Andacht die Einbildung also einnehmen und verwirren, daß dergleichen Personen zuweilen glauben, sie sehen, hören oder empfinden etwas, so doch an sich nicht ist; und weilen die Sach an sich gut und heilig scheint, so argwohnen sie darunter um so weniger einen Betrug. Allein ist der Irrthum einer übertribenen An= dacht des Geists großen Gefahren unterworfen, und daher vil daran gelegen, daß man solche Personen des Fehlers überweise, und sie darvon abziehe.

Man hat nemlichen Personen gesehen, welche in der Heftigkeit ihrer Andacht sich vest einbildeten, sie sehen Mariam, Joseph und das Kind Jesu, wie auch ihren Schutzengel oder Christum lebhaft am Kreutz, sie reden mit ihnen, sie berühren die Wunden des Herrn, sehen das Blut von selbigen abfließen und verkosten dasselbe u. s. w., so doch alles in der That nicht warn.

Dergleichen Einbildungen können auch durch natür= liche Mittel benommen werden: massen täglich geschiehet, daß Leuten, dero Hirn durch Milzsucht, Schwermüthig= keit oder einem allzu erhitzten Geblüt verruckt oder ver= wirrt ist, durch ganz gemeine Mittel, oder durch Ge= schäften und Zufäll, die sie auf andere Sachen mit Ernst zu gedenken nöthigen u. s. w. geholfen wird."

So vernünftig urtheilt unser sonst wahrlich nicht rationalistischer Calmet. Beispiele, wie er sie hier an= führt, weisen die Herenprozeßacten unzählige auf: aber die Leute bekannten den Teufel und ihren Umgang mit ihm, die Theologen bewiesen diesen Glauben theologisch und die Juristen fällten das Urtheil darüber. So wuchs der Wahn zum Wahnsinn, bis er milder behandelt abnahm, schwand und der Vernunft Platz machte.

Mit der Annahme einer solchen Entstehung und Verbreitung des Hexenwahns ist Alles ungezwungen erklärt und Geschichte wie Seelenlehre gehen mit dieser Erklärung Hand in Hand. So lange wir die Sache nicht als ansteckende Seelenkrankheit ansehen, sind wir nie sicher, daß sie, wenn auch modificirt, nicht wiederkehrt. Der Fanatismus, die Wohllust, Rache und Habsucht würden sogleich wieder zugreifen und auf's neue Scheiterhaufen brennen und die Guillotinen bluten.

War es einem Calmet, dem gläubigen Dominikaner erlaubt, die Hauptspecies der Hexerei dem Wahne zuzuschreiben, so wird uns nicht verboten sein, der ganzen Hexerei jener Periode, gestützt auf so viele Gründe, alle Realität abzusprechen und sie gänzlich in das Gebiet des Wahns, des Irrthums und der Täuschung bei den sogenannten Hexen wie bei deren Richtern und Zeitgenossen so lange getrost zu verweisen, bis eine Ansicht durchgeführt und erwiesen ist, welche die Sache besser erklärt.

Ein Hauptbeweis für unsere Ansicht liegt in vielen Hexenprozeßacten, die wir sorgfältig und wiederholt gelesen haben und woran wir nun im dritten Theile dieser Schrift das Nöthigste, so wie das uns an Dokumenten Mitgetheilte in aller Kürze anführen wollen.

––––––––

III. Theil.

Hexenprozeß – Dokumente.

Erstes Kapitel.
Allgemeine Bemerkungen über Hexenprozeß-Dokumente.

Formlos und übereilt, wie das peinliche Verfahren, war bei den Hexenprozessen auch die schriftliche Behandlung der Sache, d. h. das Verhör. Abgesehen von den stets wiederkehrenden Suggestivfragen faßte man die Protokolle in erschreckender Kürze ab, so daß gar oft von Torturen ganz geschwiegen wird. Verstand sich so Etwas damals von selbst oder war das Verschweigen ein Rest von Schaam, die dem schriftlichen Worte nicht Alles anvertrauen wollte?

Daß unsere Ansicht von der Hexerei als Zeitkrankheit und Geisteswahn keine bloße Hypothese ist, sondern auch Autoritäten für sich hat, geht aus dem Vorhergehenden hervor. Eine vollständige Bestätigung liefern aber die Prozeßacten selber.

Nicht aus Erzählungen, Referaten u. dgl. lernt man dieser Sache auf den Grund schauen, sondern allein

mittels der Einsicht in die Acten und mittels der Vergleichung der Acten einer und
derselben Zeit z. B. von 50—100 Jahren mit den
darauf folgenden Dokumenten. Zwar meinten Manche,
die solche Dokumente gelesen haben mögen, sie seien von
erschreckender Kürze und alle über einen Leisten geschlagen. Ersteres ist großentheils wahr; letzteres nicht.
Wohl kommen ganz periodisch in einer bestimmten Stadt
oder Provinz Hexenprozesse zum Vorschein, wo einer
dem anderen frappant gleich sieht; natürlich, der Wahn
trägt sein bestimmtes Zeitgepräge. Nach einer bestimmten Zeit kommen andere Angaben und Verbrechen zur
Untersuchung und erhalten sich so lange, bis im Volks-
hirne oder im Vorurtheil der Richter etwas Anderes
zum Vorscheine kommt. Wer erkennt nicht eben hierin
die Natur des Wahns, die Individualität der Zeitkrankheit? Der Wahn bleibt: nur sein Objekt verändert sich
etwas, weil die Zeit nicht stille steht; das Zwielicht
sein täuschendes Licht auf eine andere Seite der Sache
wirft.

Am klarsten wird dieß dem unbefangenen Forscher,
dem es gelingt, solche Actenstücke, die so ziemlich ununter-
terbrochen fortlaufen und zugleich auf ein und demselben
Gebiete z. B. in einer Stadt sich fortspinnen, durch-
zulesen und mit einander zu vergleichen. So erhielten
wir einmal ganz zufällig in den Acten der Geschichte
eines württembergischen Landstädtchens die Dokumente
aller dort noch vorhandenen Hexenprozesse aus mehreren
Jahrhunderten. Ueberall derselbe Wahn mit nach der
Zeit wechselnden Spiegelbildern! — Forschung und
Vergleichung stellten ferner heraus, daß in Schwaben

die Behandlung der sogenannten Hexen unter vielen
Gegenden und Ländern nahezu die humanste gewesen
sein mag. Daher die Erscheinung, daß Schwaben die
wenigsten Hexenprozesse im Vergleich mit andern Ländern aufzuweisen hat. Wieder ein Beweis, daß das
Ganze ein Wahn war. Denn das lehrt jene Erscheinung, daß Gewalt und Brutalität den Wahn verstärkt,
der ja selber auf Rohheit und Unsinn beruht. Anders
hätte man bei Behandlung der Irren nur zur Peitsche
zu greifen. Aber gerade eine richtige Psychologie und
bessere Medicin greift jetzt zu ganz anderen Mitteln.

In besagten Hexenprozeßacten fand ich auch nichts
von der Tortur; auch nicht eine einzige Andeutung darüber; nur ganz selten etwas von der sogenannten güt-
lichen oder ungütlichen Ermahnung. Sollte das
Alles nicht mit einer Silbe angedeutet, und dennoch die
Tortur angewendet worden sein, wie Solban und Wächter meinen? Wir können das nicht glauben, sondern
müssen sämmtliche Acten nehmen, wie sie vorliegen, ohne
etwas davon und dazu zu thun. Diejenigen freilich,
die nicht bloß meinen, die Folter habe die Anzahl der
Hexen vermehrt (was wir auch glauben, wie jede falsche
Behandlung die Krankheit steigert und ihr mehr Opfer
bringt), sondern auch behaupten, die Folter habe eigentlich erst Hexen geschaffen, nehmen überall zu ihr ihre
Zuflucht und finden sie nur verschwiegen oder verläugnet, wo keine Spur von ihr zu finden ist. Aber wer
hatte denn damals sich vor dem Geständnisse, die Tortur
angewendet zu haben, zu fürchten? Diese Anwendung
war ja als Pflicht und Gewissenssache auferlegt! Ja,
der Wahn war ja lange weit und breit so groß, daß

Behörden, die sich der Tortur nicht bedienen mochten, sogar in Gefahr oder wenigstens Verantwortung kommen konnten.

Vielleicht möchte man uns entgegen halten: Wohl mag nicht immer und überall die Folter angewendet worden sein; aber im Hintergrunde stand sie gewiß überall d. h. viele der Hexerei Angeklagte mögen bei sich überlegt haben, daß sie in keinem Falle mehr mit dem Leben davon kommen werden, was sie aus nur zu reicher Erfahrung an so vielen bisherigen Opfern gesehen und gehört hatten. Also handelte es sich nur darum, ob sie mit oder ohne Folterqualen sterben wollten. Natürlich zogen die Meisten das Letztere vor, d. h. sie ließen sich nicht erst foltern, sondern gestanden alsbald Alles, was man wollte. — Alles möglich und wahrscheinlich. Dennoch haben wir Beispiele, daß namentlich Mädchen und Frauen bis zu 22mal sich in steigenden Folterqualen dem Geständnisse widersetzten, lieber starben, ehe sie gestanden, oder nur halb entseelt endlich der Peinigung nachgaben, oder vielmehr erlagen. Noch mehr: wir haben auch einzelne Beispiele, daß sie trotz der Folter durchkamen, d. h. nicht mit dem Tode bestraft wurden, ohne daß sie Bekenntnisse machten; Beispiele, daß da und dort energische Vertheidiger ein und das andere Opfer dem Fanatismus entrissen.

Das Schlagendste aber, was gegen die Ansicht, daß die Folter einzig und allein Hexen gemacht habe, ist der Umstand, daß wir nicht wenige Hexenprozeß-Dokumente finden, aus welchen hervorgeht, **daß Leute, unbescholtene Leute, ohne allen Verdacht, ohne Citation, ohne Anklage freiwillig sich der Obrigkeit stellten** und der Sünden mit dem Satan sich anklagten in sicherer Aussicht eines gewissen und schmählichen Todes.

Solcher Dokumente gibt es viele, wir stellen aber nur die zusammen, welche e i n e Zeit und e i n e n Schauplatz haben, Dokumente aus dem Anfang des 16. bis Ende des 17. Jahrhunderts; denn so springt unsere Behauptung, einfach und historisch begründet, in die Augen.

Aber wie, fragt man vielleicht, ist das zu erklären, daß Menschen, ohne dem Wahnsinn verfallen zu sein, ein solches Gericht, einen solchen Tod suchen? Jene Menschen waren Allem nach nicht wahnsinnig, aber am Zeitwahne krank und im Gewissen nicht rein. Ein krankhaftes Sündenbewußtsein wälzte die Schuld auf den Satan. Das aber brachte keinen Trost, sondern vergrößerte die Schuld und der Uebel größtes ist die Schuld. Sie wollten gestraft werden, um der Qual los zu werden; sie wollten ruhig sterben, um mit sich und der Kirche ausgesöhnt zu werden; sie wollten nicht zum leichteren Selbstmorde greifen, um sich nicht als Selbstmörder der ewigen Seligkeit zu berauben. D i e s e F ä l l e b e s t ä t i g e n u n w i d e r l e g l i c h u n s e r e A n - s i c h t. O d e r w e r k a n n s i e a n d e r s e r k l ä r e n? Es gibt auch epidemische Geisteskrankheiten und zu diesen gehört das Hexenfieber der beregten Zeit, wie es im Kopfe der Richter und Gerichteten spuckte. — Gehen wir nun über zu den uns zu Gebote stehenden Dokumenten, wie wir sie sammeln und zusammenstellen konnten.

Zweites Kapitel.

Hexenprozeß-Dokumente aus der Stadt Waldsee
uralten und neuen Extract Außer Urgichtung gezogen.
Von Anno 1518 bis 1581.

1518. Erstlich Ist Elsa Päffin und Elsa Khünlin wegen herischer sachen und Kheverey (?), mit dem Feuer gericht worden.

1518. Item Simon Thausser Weib sein Verhandlung. Zue dem Feuer verurthailt worden.

1528. Ursula Wachin von Waldsee, wird um herischer sachen willen, zue dem Fewr verurthailt.

1531. Elsbet Müllerin von Waldsee ist um herischer sachen willen zu dem Fewr geurthailt.

1581. Diß hiernach verzaichnete drey Arme weiber, Eua Schwärzin und Anna Beuchlin, und Elsbeth scharberin, Alle von Waldsee, sein umb herischer sachen willen mit dem Fewr gestrafft worden.

1581. Appollonia Buckhin wird umb gleiche Missetath zue dem Fewr verurthailt.

1581 ben 6. Juli. Es wird auch zu diß nachbenannten weibs Persohnen Mablen Jsolin, Maria Röschin, Brigida Wünstlin, Catharina Einselerin und Anna Fiegerin, Alle von Waldsee auch um herischer Handlungen willen mit dem Fewr gericht, und damit vom Leben zum tod gebracht.

So das erste Dokument. Das zweite zum Theil gleichlautende, aber vollständigere lassen wir hier sogleich folgen: beide orientiren uns wenigstens über die Zeit der weiter unten mitgetheilten Hexenprozesse, die meistens ohne alles Datum sind.

Der Stadt Waldsee
Urgicht.

Hannß Dener ist wegen herischer Handlung allhier in dem Fewr gericht worden.

Elsa Pfäffin und Elßa Kielin seint herisch Handlung willen mit dem Feur gericht worden laut buchs u. s. w. (wahrscheinlich im Jahre 1518).

Simon Thusser*) ist wegen das er unnatürliche Werth getriben, mit dem Feyr gericht worden (im Jahre 1518).

Urßula Wechin ist herischer handlung willen mitwoch nach der Auffarth Christi A. D. 1528 mit dem Feyr gerichtet worden laut Urgicht buchs u. s. w.

Elsbeta Millerin ist Sambsttag in der Osterwoche A. D. 1531 herischer Handlung willen mit dem Feyr gerichtet worden.

Joachim Hezensohn ist wegen unnatürlicher Werth, so er getriben, Donnerstag nach Leetare A. D. 1557 mit dem Schwert gericht worden.

Barble Echtingerin ist herischer handlung willen auf Freitag post Bartholomeei A. D. 1545 in ein Ewige gefankhnus condemnirt worden.

Eua Schwärzin, Anna Beuchlin und Elßbet Scharberin, all drey von Waldsee, seint herisch handlung willen den 3. May A. D. 1581 mit dem Feur gericht worden.

Anna Yelin, Maria Röschin, Brigita Nießltn, Catharina Einselerin und Anna Fiegerin, all fünf von Waldsee seint den 5. July A. D. 1581 herischer Hand-

---

*) Hier ist wohl das Weib ausgelassen.

lung willen mit dem Feyr gerichtet worden, laut Buchs u. s. f.

Maria Reichin, Trauben würthin, Walburg Lachenmayerin und Anna Treherin, all vier von Waldsee, seint herischer Handlung willen den 5. July 1585 mit dem Feur gerichtet worden.

Margreth Rohrfelderin, Barbara Ulmerin und Ursula die alt Saillerin seint den 21. Augusti A. D. 1585 herischer Handlung halber mit dem Feyr gerichtet worden.

Felicitas Schneiderin, Anna Erbin und Ursula Schultheißin, all drey von Waldsee, seint herischer handlung halber Freitag den 9. März A. D. 1586 mit dem Feur gericht worden.

Anna Byarayin, Verona würthin, Ursula Eberlin, Anna Fiegerin und Agata Kretin, alle von Waldsee, seint herischer handlung willen den 22. May 1586 mit dem Feur gericht worden.

Anna Hoybin von Waldsee ist Montag den 24. Novembris A. D. 1586 herischer handlung halb mit dem Feur gerichtet worden.

Catharina Rauffainsin, Ursula Iselin und Ursula Stabelmanin, alle von Waldsee, seint den 7. 9bris A. D. 1586 herischer handlung willen mit dem Feur gerichtet worden.

Agatha Weißin, Anna Dornarin und Christina Mayerin von Waldsee, seint herischer handlung halber den 9. Octobris A. D. 1586 mit dem Feur gerichtet worden.

Anna Klessin von Waldsee, ist herischer handlung halb den 30. Octobris A. D. 1586 mit dem Feur gericht worden.

Urfula Frayin und **Catharina Kleſſin** von Waldſee ſeint heriſcher handlung halb den 12. Juni 1587 mit dem Feur gericht worden.

Barbara Huebmeyerin, Appola Huebmeyerin und Anna Schellingin von Waldſee, ſeint heriſch handlung halb den 11. 7bris A. D. 1589 mit dem Feur gericht worden.

Margreth Frayin und Agata Birenſengin von Waldſee, ſeint heriſcher handlung halb den 25. Juny A. D. 1594 mit dem Feur gericht worden.

Appollonia Bukhin von Waldſee iſt den 12. May 1581 heriſcher handlung willen mit dem Feuer gericht worden.

So weit unſer Waldſeer Urgicht=Regiſter vom 28. Juni 1676 als authentiſche Abſchrift vorhandener Actenſtücke.

Ausführlichere Acten, reſp. Geſtändniſſe liegen vor uns, aber meiſt ohne Datum.

1) Urgicht, Urſula Schulthaiſſin, Michael Greſſers, deß Maurers Weib. Sie gibt an:

Vor Jahren ſei ihr Geſpons, Krautle, in eines Junggeſellen Geſtalt Nachts zu ihr über das Bett gekommen und von ihr begehrt, ſie ſoll ſich ihm ergeben, auch Gott, aller Heiligen und ſeine werthe Mutter Maria verleugnen, wofür er ihr genug geben wolle. Sie habe in Solches gewilligt und ihm die linke Hand darauf geboten, worauf er ihr gleich zwei Kreuzer gegeben, die ſie jedoch nachher nicht mehr habe finden können. Vor zwei Jahren habe ſie des Organiſten falbe Kuh mit einem weißen Steckchen geſtochen, darum ſie geſtorben.

Auch Georg Schüllers ſeligen Gais habe ſie mit einem weißen Steckchen und Teufelsſalbe ertödtet.

In vergangener Fastnacht sei sie mit Hülfe ihres Gespons in Jakob Reisers Kammer gekommen; sie habe aber diesem nichts anhaben können, weil er sich gesegnet und gebetet habe.

Dem Färber Caspar Reiser habe sie eine grüne Salbe in ein Glas Wein gethan und ihm solches vorgestellt, um ihn zu tödten. Der habe es aber wahrgenommen und zum Fenster hinaus geschüttet.

Dem oben gemeldeten Weibe des sel. Georg Schüller, Namens Lena, habe sie Wein mit einer grünen Salbe, die ihr ihr Gespons verschafft habe, zu trinken gegeben, woran sie bald gestorben. Auch Schüllers Kind, Maria mit Namen, habe sie vor einem Jahre mit einer Salbe getödtet.

Vor vier Jahren habe sie des Schmidmeisters Balthasar kleines Büble in der Wiege an einem seiner Füßchen mit einer grünen Salbe in aller Teufel Namen bestrichen, welches davon gestorben.

Auch den mehr besagten Georg Schüller habe sie getödtet, indem sie ihm in einem Fische und Zauberbrod eine grüne teuflische Salbe beigebracht habe.

Mit dem Weibe des Joachim Frankhen sei sie in Streit gerathen und habe sie in ihrem Hause mit einer im Weine ihr beigebrachten grünen Salbe getödtet.

Ganz gleichartige Morde gibt sie noch vier an (unter Nr. 11, 12 und 13).

Auch habe sie ein weißes Steckchen mit einer Salbe bestrichen und der Frau des oben gemeldeten Organisten vor die Thüre gelegt, worüber sie schwangeren Leibs gegangen. In Folge davon sei die Frau zu früh entbunden worden und daran gestorben.

Als ihr Sohn, Priester von Yersee, bei ihr auf Besuch gewesen und wider ihren Willen Bihl gest gehalten und ihr nicht alleweg Geld habe geben wollen, so habe sie ihn in ihres Gespons Namen mit einer grünen Salbe gestrichen, um ihn damit zu tödten. Er sei im Kloster daran gestorben.

Ursula, das Kind ihres Sohnes, habe sie einsmal mit einer Salbe tödten wollen. Das Kind habe die Salbe genommen; aber sie habe ihm wieder geholfen.

2) Urgicht und Bekhantnus. Sybilla Schuolerin von Waldsee.

Sie bekennt, der böse Geist sei vor 20 Jahren in Gestalt eines reichen raisigen Manns zu ihr in die Stube gekommen und von ihr verlangt, sie solle sich an ihn „lören", auch Gott und alle Heilige verleugnen, so wolle er ihr genug geben. Darüber sei sie erschrocken und habe sich gesegnet, worauf der böse Geist entwichen sei.

Nach 2 oder 3 Jahren sei er in gleicher Gestalt wieder zu ihr gekommen, habe ihr stark mit den nemlichen Anmuthungen zugesetzt, sich Fäberhans genannt und ihr ungefähr 3 oder 4 Batzen gegeben, die sich aber hernach in Roßkoth verwandelt haben.

Einmal habe sie der Böse Abends auf einem grauen Schimmel auf den Petersberg geführt, wo Gesottenes und Gebratenes, aber weder Brod noch Salz, aufgetragen, auch nicht getanzt worden. Zuletzt habe sie der böse Geist auf gleiche Weise wieder in das Mauergäßlein geführt.

Etwa vor 8 oder 9 Jahren habe sie der böse Geist ein Hafen nehmen geheißen, ihr ein schwarzes Pulver in einem Brieflein gegeben, daß sie in den Hafen legen sollen und darein blasen, damit daraus ein Wetter entstehen sollte. Sie habe das außerhalb des Thors gethan; aber es sei nichts (kein Wetter) daraus geworden.

Der Federhans habe ihr ferner vielfältig zugemuthet, ihren Mann, den Sternegger umzubringen, dessen sie auch Willens gewesen; da er aber gemeiniglich sich wohl gesegnet gehabt und es sie sonsten wieder gereut habe, sei es unterblieben.

Sobald sie Hebamme geworden, sei der böse Geist zu ihr gekommen und habe beständig mit dem Befehl in sie gedrungen, daß sie schwangeren Weibern in Kindesnöthen und auch bei den Geburten zusetzen und Schaden zufügen solle.

Vor 12 oder 14 Jahren habe sie dem Kinde der Wirthin von Buoch, das ein Büblein gewesen, den Finger in das Herzgrüblein gesetzt und so es getödtet.

Vor 10 Jahren habe sie einem Kinde (Mägblein) die Gurgel abgedrückt.

Einmal habe sie von Andreas Thomas Weib dahier zwei Kinder empfangen, die beide zur Taufe gekommen, denen sie nach ungefähr 8 Tagen aus unrechtem bösem Mitleiden wegen ihrer Armuth ein weißes Sälblein, das ihr der Federhans auf dem Wege gegeben, auf die Schultern gestrichen, davon sie beide gestorben.

Auch habe ihr der Federhans ein weißes Rüthlein gegeben, um damit Thiere zu schlagen; vor vier Jahren habe sie es an einer Gais zerschlagen, nachdem sie damit bei 12 Gaisen und Sauen geschlagen, um sie krumm und lahm zu machen.

Ungefähr vor 4 oder 5 Jahren habe sie der Mül-

lerin zu Müttelurbach, so in Kindsnöthen gewesen, eine
gelbe Salbe, die sie vom bösen Geist erhalten, heimlich
an den Leib gestrichen, als dieselbe in Kindsnöthen gewesen, wodurch die Geburt und Alles bei einander geblieben und zu Grund gegangen.

Ein die Mutter eines neugeborenen Kindes habe
sie in des bösen Geistes Namen angeblasen, woran sie
habe sterben müssen.

Auf Geheiß des Federhans habe sie, weil man im
Schlosse etwas erzürnt und nicht mehr gerne haben
wollen, des Hans Bendels Weib selig, an das Knie in
des Federhans Namen gegriffen, wodurch das Weib
habe sterben müssen.

Es sei noch nicht ganz ein Jahr, daß sie dem Büblein des Hansen Rotten die Hirnschale eingedrückt habe.

Endlich: sie habe mit ihrem Fäberhansen vielmal
Unzucht getrieben.

3) Nun folgt die Urgicht und Bekanntnuß der
Verona Leuchtlinn von Waldsee.

Ihre Geständnisse kommen auf folgende Punkte
hinaus:

Sie habe mit ihrem Mann sel. mannigmal in Zwie-
tracht gelebt. Dabei sei derselbe einem aus dem Hause
gelaufen und sie ihm hie und da mit der Laterne nach-
gegangen. Da habe ihr einmal der böse Geist in einem
Mantel und weißen Wamms, die Laterne ausgelöscht.
Sie sei erschrocken und habe gesagt: „behüt mich der
allmächtig Gott", worauf der böse Geist gewichen. Sie
habe die Laterne wieder angezündet und der böse Geist
sei in gleicher Gestalt wieder gekommen, mit Anzaig,
sy habe ain Ernstlichen Man, solle sich an In kören,

wöll ihr wohl vom Man helfen und ihr gnuog geben. Das habe sie ihm versprochen und auch, wie wohl ungern, darein gewilligt, seines Willens zu sein, auch habe sie auf sein ferneres Begehren Gott und alle Heilige verläugnet. Der böse Geist habe sich Hans Fäderlin genannt.

Vor ungefähr 14 Jahren habe sie ihrem Manne sel. Hans Wuschgaher ein bräunliches Pulver, das ihr der böse Geist gegeben, in die Suppe gethan, davon er hätte sterben sollen, was sie 5 Tage fortgesetzt, nachdem sie zuvor ihm etwas an das Brod gestrichen, was aber nicht genugsam gewirkt habe.

Vor 7 Jahren habe sie an St. Magdalenen-Tag mit 3 andern Gespielinnen einen Hagel gemacht.

Bei 2, 3, 4 und 5 Jahren habe sie mit einer ihrer Gespielinnen Tanz, Unzucht und Trunkenheit getrieben.

Vor ungefähr 3 Jahren habe ihr der böse Geist ein gesalbtes Stecklein gegeben, um damit eine Kuh zu schlagen in's Teufels Namen.

Es folgen Erzählungen von Mord und Mordversuchen mit Salben an Menschen und Thieren.

Auch habe sie den Teufel, Hans Fäderlin bei sich im Kübel gehabt, der sie zu allem Bösen angestiftet habe.

Dem Büttel von Wollfartsschwendi habe sie ein Röhrecht Pulver wie ein gerieben Majoran, so ihr der bös Geist gegeben, in ein Salz, so er ihr abgekauft, gethan, davon er gestorben. Sei mehr denn ein Jahr.

Ermordung einer Gais.

Hans Fäderlin sei fürnämlich bei ihr im Kübel gehockt, daß man ihr habe ablaufen müssen.

Einem armen fremden Mägdlein, die ein Grütz habe holen wollen, habe sie mit einem Stecklein, daran eine Salb gewesen, in des Teufels Namen an die Füße geschlagen, damit es erlahmen solle, was ihm aber nach ihrer Meinung nichts geschadet habe. Inzwischen habe sie den Kaminfeger gehabt, aufgeräumt und das Stecklein verbrannt.

Endlich bekennt sie, sie habe oft, sie wisse nicht wie vielmal, mit dem bösen Geist Unzucht getrieben.

Urtheil.

Diese Weibspersonen Sibylla Schuolerin und Veräne Leuchtlinn sollen gemeinem Volke vorgestellt, ihre Mißhandlung öffentlich verlesen, darauf dem Scharfrichter in seine Hend befohlen werden, der sie auf einem Karren führen soll zur gewöhnlichen Richtstatt, daselbst mit einem Strick vom Leben zum Tode richten und nachmals den ganzen Leib zu Pulver und Aschen verbrennen.

4) Urgicht der Verena Schneiderin von Waldsee.

Ihre Geständnisse gehen dahin, daß während ihres Mannes Krankheit sie sich fleischlich mit dem bösen Geist vergangen, Gott und seine Heiligen verleugnet und vom Bösen, der sich Federlin genannt, etwas Geld bekommen, wofür sie sich in der Stadt Birnen gekauft habe. Derselbe habe ihr auch ein Stecklein gegeben, mit welchem sie 6—8 Wochen nach ihrem ersten Zusammensein mit jenem bösen Geiste, ein Kälblein geschlagen, um es zu lähmen, sie wisse aber nicht, ob es so weit gekommen sei.

Wieder sei sie dem bösen Geist zu Willen gewesen in der Küche und habe von ihm ein schwarzes Pulver oder Salz in die Hand bekommen, um es dem Müller

in seinem Namen in die Suppe zu geben, davon er
krank geworden und nach 3 Wochen gestorben sei.

Weiter erzählt sie von ferneren Besuchen Federlins,
wobei er ihr einmal eine schwarze Salbe in einem kleinen gläsernen Scherblein gegeben, um die Kinder, welche
Peter Velders Weib bekommen werde, damit zu tödten:
sie habe mit dieser Salbe vier Kinder hingerichtet. Be-
sagte Velder habe sie in Federleins Namen angeblasen,
und so viel damit ausgerichtet, daß die Velder gemeint
habe, es sei Alles voll böser Leute.

Augustin Pfänders Sohn habe sie ein schwarzes
Salz oder Pulver in die Suppe gethan und ihn dadurch krank gemacht. — Auf Begehren Federleins habe
sie mehreren neugeborenen Kindern das Hirn eingedrückt,
davon es gestorben sei; mehrere kranke Frauen in des
Teufels Namen angeblasen und so getödtet. Abermalige
Besuche Federleins und Unzuchtsvergehen; nur einmal
heißt es: der böse Geist habe sonst nichts mit ihr gericht.

Einmal sei der böse Geist auf dem Felde ihr auf
einem schwarzen Rappen begegnet, sie auf eine Wiese
geführt und einen Tanz gehalten. Nur zwei Weibs-
personen habe sie dabei erkannt, die anderen nicht.

Einmal habe ihr der böse Geist einen Hafen mit
Wasser gegeben, mit welchen sie Wässer (Ueberschwem-
mung) machen sollte. Aber sie habe kein Wetter damit
zu stande gebracht: nur Rauch und Regen sei geworden.

Der Teufel habe ihr in einem Brieflein ein gelbes
Sälblein gegeben, mit welchem sie Hans Beuchlin's
Weib krank gemacht habe. Ermordung eines Kindes
durch einen Druck und das Bestreichen seines Kopfs mit
der gelblichen Salbe, die ihr der böse Geist eingehändigt.

Vor 6 oder 7 Wochen habe sie ein Mädchen in der Strohmühle, das ihr keine Milch habe geben wollen, angeblasen, damit es verkrummen solle. Auch habe sie ein bresthaftes Kind durch eine angebissene und mit dem Stäblein bestrichene Birn vergiften wollen. Da aber das Kind ein Haar in der Birne gefunden, habe sie sie nicht gegessen. — Auch ein Schaaf habe sie in des Teufels Namen mit dem Fuße gestoßen, wovon es hinkend geworden.

Urtheil wie bei den vorigen: Tod des Erhängens, Verbrennen des Leichnams u. s. w.

Dem Actenstücke ist die Bemerkung beigefügt: Man habe diese arme Weibsperson aus vielfältigen starken und erheblichen Ursachen, auch gemeinem beharrlichem Geschrei, sonderbaren Vermuthungen und Unthaten gefangen gesetzt, daß sie auf ordentliche gehabte peinliche auch gütliche Fragen und Examen ihre Geständnisse abgelegt habe.

5) Urgicht Thrauten würtin, weiland Hanß Würten seeligen Wittib, von Waldsee.

Würt gericht mit dem Fewr, Freytags den 5. Jul. A. D. 85.

Ihr Gespons Fäber Hanns sei vor 6 Jahren in eines Bauern Gestalt auf dem St. Petersberg zu ihr gekommen und habe ihr Geld in einem Briefle und ein Fuder Holz gegeben, das aber nichts nutzig gewesen, als sie es habe brauchen wollen.

Wieder sei er gekommen und habe sie gefragt, ob sie Holz laufe, worauf sie geantwortet: Du hast mich betrogen. Er habe ihr ein ander Geld geben wollen, das sie nicht genommen. Nun habe er ihr versprochen,

genug zu geben, wenn sie Gott, Maria und alle Hei=
ligen verleugnen, ihm folgen und alleinig sein eigen sein
wolle. All das sei von ihr mit Handschlag zugegeben
worden.

Mittelst einer grünen Salbe, von ihrem Gespons
Fäder Hanns ihr zugestellt, habe sie Khüngelters Sohn
in Fäderles und aller Teufel Namen angestrichen und
damit krumm und lahm gemacht.

Der alten Blaicherin habe sie ein weißes Stäbchen
mit einem teuflischen Sälblein bestrichen auf die Thür=
schwelle gelegt, in der Meinung, daß der nächste Mensch,
der darüber gehe, dadurch lahm werde, und das sei an
der Blaicherin Tochter Maria augenscheinlich geschehen
und probirt (erprobt) worden.

Mordversuch an einer Sau durch Bestreichung mit
einem grünen Sälble: ob sie abgegangen, wisse sie nicht.

Vor 1½ Jahren sei sie auf einer Ofenschürgabel,
mit einem Sälble bestrichen, zur Nachtzeit sammt ihrem
Gespons über die Mauer auf den Hörberg gefahren;
dort habe man getrunken, gegessen, getanzt und allen
Wollust geheckt.

Tödtung einer Frau mit einer grünen Salbe.

Ihr seel. Mann Hanns sei eines Tags krank von
Constanz gekommen und sie habe ihm eine Suppe ge=
kocht, in welche sie etwas Weißes wie Kreide, das sie
von ihrem Gespons vor der Stubenthür erhalten, ge=
worfen und damit ihn hingerichtet, alleinig aus der
Ursache, daß sie sich nicht getraut habe, ihn in seiner
Krankheit in die Länge zu ernähren. Ebenso habe sie
ein Weib getödtet, und ein Mädchen mit einem Kraut,
das sie ihr zu essen gegeben, krank gemacht.

Ihre Schwester Barbara sei auf den Bettel zu ihr gekommen und da sie ihr nichts habe geben können, habe sie ihr ein schwarzes Sälble in die Suppe gethan, welches ihr Gespons ihr gegeben und womit sie sie ertöbtet habe.

Ein rothe Sau habe sie vorigen Jahrs im Herbste mit einer grünen Salbe angestrichen, um sie zu töbten.

Und zum Letzten sei ihr Gespons Fäber Hanß neulich vor dem Thor, ehe der Mann sie gefangen, zu ihr kommen, ihr die Hand geben und geabet und gesagt: Zeuch hin, ich gesehe dich nimmermehr.

6) Urgicht Catharina Rauffeinsin, Hans Khißlegger weib.

Lauter Morde mit Salbenbestreichen. Weil sie ihren jetzigen Mann auf Begehren ihres Gesponsen Fäberle, der ihr vor 22 Jahren als Junggeselle in hübscher flotter Kleidung erschienen sei und da sie kein Geld genommen ihr Salben zum Schädigen gegeben, nicht habe umbringen wollen, habe er (Fäberle) sie übel geschlagen.

Wirt auff Freytag den 7. Novembris A. D. 86 Mit dem Fewr gericht.

7) Urgicht Ursula, die alt Sailerin genant, von Waldsee, weiland Christans Schneibers seligen wittib.

Ihr Gespons, Hanß Büntz sei vor vielen Jahren als sie auf dem Spitalacker bei dem Hochgericht nachgeruobet zu ihr in einem grauen Rock und Stiefeln, in eines Reiters Gestalt gekommen und gesagt, er wolle ihr helfen ruoben, sie soll nur sein sein, Gott und alle Heilige verleugnen; er wolle ihr Mann sein und ihr genug geben, dürfe keine Arbeit mehr thun. Das Alles habe sie ihm bewilligt, darauf er ihr einen Kreuzer gegeben, den man jedoch gegen Brod nicht angenommen habe, wohl aber gegen Aepfel.

Mord einer Sau mittels eines weißen Rüthchens; Tödtung ihres Manns Christan Schneider mit einer Salbe, die sie ihm im Wasser gegeben; auch ihrem ersten Manne habe sie eine schwarze Latwerge im Wein gegeben und ihn also umgebracht, weil sie arm und der Meinung gewesen, alleinig könne sie sich eher ernähren. Noch drei bis vier Tödtungen durch diese Latwerge bekennt sie.

Nota. Diese Frau ist den 18. August im Gefängniß aus schwachem Alter im Beisein der Hüter schnell eines natürlichen Todes gestorben. Sie wurde mit zwei ihrer Gespielenin verbrannt.

8) Maria Böschln, von Waldsee, Urgicht.

Ihr Gespons Fäderle sei zu ihr gekommen und habe ihr etwas Geld in einem Brieflein gegeben, das aber verschwunden sei, als sie es habe brauchen wollen. Geld versprechen gegen Verleugnung Gottes und der Heiligen, worauf sie die linke Hand gegeben und Unchristliches mit ihm getrieben.

Nach 14 Tagen sei Fäderle wieder zu ihr in ihr Haus gekommen und habe unnatürliche Sachen an sie begehrt, welches sie abgeschlagen und nit thun wollen. Krankmachen einer Frau mit der schwarzen Salbe des Fäderle; ihrem Schreinergesellen habe sie aber mit einer Salbe wieder auf seine Bitte geholfen.

Ihrem eigenen Kinde habe sie eine schwarze Salbe an die Wiege gestrichen, um es zu tödten. Bis auf die Stunde sei es noch krank und arbeitselig. — Georg Döbels, Schmidts Hausfrau habe sie lahm gemacht mit jener Salbe, die sie ihr an's Bett gestrichen; sie habe ihr aber wieder geholfen auf ihre Bitten.

Ehe sie gefangen worden, sei ihr Gespons Fäberle zu ihr gekommen und habe ihr gesagt, man werde sie gleich fangen; doch sie getröstet und ihr versprochen, für sie zu leiden.

Gericht den 7. Mai A. D. 81.

9) Urgicht und Bekhandnus Agathä Hainin von Waldsee (vom Jahre 1605).

Auch ist der böse Geist Hanns Fäberlin oft erschienen und hat sie stets übel geschlagen, wenn sie ihm nicht gefolgt habe. Die Salbe spielt wie bei den vorigen die Hauptrolle. Neu und beachtenswerth ist ihre Angabe: Als man am letzt verflossenen Freitag mit ihr etwas peinlich procedirt und sie ganz und gar nichts geredet, habe ihr der böse Feind den Hals verhöbt, daß sie schier keinen Athem gehabt, wie es auch der Augenschein zu erkennen gegeben.

Urtheil oder Bemerkung, daß sie gerichtet worden, findet sich in dem einen Actenstücke nicht, wohl aber im zweiten ziemlich gleichlautenden, nur etwas ausführlicheren, wornach sie erhenkt, ihr Leib verbrannt und die Asche tief in die Erde vergraben werden sollte und zwar wegen ihres Versprechens (Teufelspacks) und Hexerei, wie es ausdrücklich heißt.

10) Urgicht und Bekhandnuß Annä Brauchlin von Waldsee.

Wie bei der vorigen Unglücklichen heißt es zum Eingange: es sei zu wissen, daß diese arme Weibsperson aus vielfältigen, starken erheblichen Ursachen und Klag, auch gemeinem beständigem Geschrei in's Gefängniß ge-

kommen, daß sie auf ordentlich gehabte peinlich auch
gütliche Frag und Examen unterschiedlich und beständ=
biglich ausgesagt und bekennt, wie hernach folgt.

Sie bekennt: vor zwanzig Jahren sei im Haister=
kirchenholz der böse Geist, der sich Hanns Fäderlin ge=
nannt, zu ihr in Gestalt eines Handwerksgesellen ge=
kommen und von ihr Buhlschaft, Verleugnung Gottes,
seiner lieben Mutter und aller Heiligen verlangt. Sie
habe in Alles gewilligt und von ihm einen Batzen be=
kommen, wofür sie sich einen Laib Brod gekauft habe.

Vor 19 Jahren habe sie ihres Bruders Weib mit
einer Salbe, die ihr Hanns Fäderlein gegeben, am An=
ken Arm gestrichen in des Teufels Namen, welche daran
gestorben. Morde der Art oder wenigstens Schädigun=
gen an Menschen und Vieh bekennt sie viele.

Auch sei sie einmal „im Hägelin" bei einem Tanz
gewesen, sie und andere drei Weiber, welche bereits ver=
brannt worden seien, nebst zwei Bäuerinnen. Man habe
getanzt, Unzucht getrieben, gegessen und getrunken, aber
ohne Salz und Brod. Oeftere Buhlschaft mit dem
Teufel. Auch Regen habe sie gemacht mit einem Wasser
in einem Hafen.

Vielfältig sei sie nach Einsiedeln (wallfahrten) ge=
gangen: auf ihrem vierten Gange sei sie von Fisching
aus über das Hörnlein auf ihrem Pilgerstab, den sie
geschmiert, bis zur Heerberg über'm Steg gefahren;
ebenso von der Brücke bei Rapperswyl über den Etzel
hinauf bis für die Kapelle sei sie zweimal auf ihrem
geschmierten Pilgerstab gefahren.

Urtel·

Diese arme Weibsperson soll wegen ihres Verspre=
chens und „Hexerei" erhenkt u. s. w. werden.

Bemerken müssen wir, daß in diesem und dem vo=
rigen (Nr. 8) Urtheil das Wort Hexerei offenbar von
späterer Hand und mit Anführungs=Zeichen über dem
Text eingesetzt steht.

11) Urgicht Anna Steuchlinin von Waldsee, den
5. Mai A. D. 1645 vom Leben zum Tode hingericht.

Wie und was ungefahrlich dem gemeinen Mann
möchte für zu lesen sein.

Unlängst sei Anna Steuchlinin, von Waldsee ge=
bürtig in obrigkeitliche Haft gekommen und habe sowohl
gütlich als peinlich nachfolgende große Uebelthaten be=
kannt.

Noch ledigen Stands sei sie auf einem Tanz hinter
den bösen Feind gerathen, mit dem sie auch etliche male
die fleischlichen Werke gepflogen und ihm gehorsam zu
sein versprochen; man habe ihn Federlin geheißen.

Auch habe sie ledigen Stands ungefähr fünfmal mit
der ganzen Hand zu einer Kuh aus Wolluft gegriffen,
und da sie es zuwegen bringen gekonnt, mit solcher Kuh
zu schaffen gehabt. Das habe sie unlängst in München
gebeichtet, sei aber nicht absolvirt, sondern zu der welt=
lichen Obrigkeit gewiesen worden. Sonsten habe sie in=
nerhalb 40 Jahren nie recht gebeichtet.

Ihren Vater Hans Steichlin habe sie angeblasen,
daß er habe sterben müssen. Bei seinem Tode habe sie
nicht weinen können.

Hierauf gibt sie viele Personen mit und ohne Na=
men an, die sie durch Anblasen getödtet habe. Solches

Anblasen sei alle Zeit im Namen des Teufels geschehen und dabei habe sie nicht anders vermeint, als daß die Luft vergiftet sei. —

Andere und mehrere Uebelthaten, welche diese arme Sünderin begangen und bekannt habe, seien nicht von=nöthen, daß sie gleichfalls öffentlich sollen abgelesen werden.

Endt Urthel.

Sie soll dem Scharfrichter übergeben, an den Richt=platz geführt und soll „unterwegs zum drittenmale mit glüenden Zangen zu ihr gegriffen", hernach an eine Saul gebunden, daran erdroßelt, hernach verbrannt und die Asche vergraben werden.

„Gott der Allmächtig wöll ihrer armen Seel gnedig und barmherzig sein."

Man bemerke die Steigerung des Wahns und der Grausamkeit der Strafe!

Drittes Kapitel.

Dokumente aus Augsburg.

Auszug aus den Rathsdekreten.

Actum Sambßtag den 23. July 1650.

Die verhafft Barbara Fischerin Kindbett Kellerin, solle Hexerey, vnd darinnen begangener schwerer Un=thaten halber, auß Gnade im hinausführen, zweymal mit glüender Zangen gerißen, folgends mit dem Schwerdt vnd blutiger hand vom Leben zum Todt hingericht, vnd Ihr Cörper zu Aschen verbrandt werden.

Actum Sambßtag den 18. Aprilis 1654.

Auff. heutigen Tag ist der Barbarä Fröhlin vnd

Annae Schefflerin ein Peinlicher Rechtstag gehalten, der Barbarä Fröhlin das haubt abgeschlagen, vnd Ihr Cörper zue Aschen verbrandt. Die Anna Schefflerin aber am hinaußführen zweymahl mit glüenden Zangen gerissen, hernach ihr daß haubt auch abgeschlagen vnd Ihr Cörper zue Aschen verbrandt worden, wie dann volgende Decret ergangen.

Die verhaffte Barbara Fröhlin von Rieden solle Ihrer bekhandten Hexerei halben, vnd daß Sie der Allerheiligsten Dreyfaltigkheit, der Mutter Gotteß Mariae, vnd allen Lieben heyligen abgesagt, sich dem bösen Gaist ergeben, vnd mit demselben Vnzucht getriben, mit dem Schwerdt vom leben zum Tobt hingericht, vnd der Cörper zue Aschen verbrandt werden.

Der verhafften Annae Schäfflerin von Erlingen, sollen Ihrer bekhandten Hexerey halben, vnd daß Sie nicht allein der Allerheiligsten Dreyfaltigkheit, der Muetter Gottes Mariae, vnd allen lieben heyligen abgesagt, selbe geschendt, geschmächt vnd gelestert, wie nicht weniger das hochheylige Sacrament deß Altars zum zweyten mahl mit süessen getretten vnd grausamblich vonehret, sondern auch mit dem bössen Gaist Vnzucht getriben, vnd sich demselben mit Leib vnd Seel auf ewig ergeben, auch die verstorbene Mariam Pihlerin von Haußstetten durch gifft eingebung gewalthätiger weiß ermordet, vnd also selber umbs leben gebracht, mit glienden Zangen zwen griff in Ihren Leib gegeben, volgendts Sie mit dem Schwerdt vom Leben zum Todt gerichtet, vnd der Cörper zue Aschen verbrandt werden.

Actum den 15. April aᵒ. 1666.

Auf heutigen tag ist Annae Schwayhoferin, all=

hiesig, ein Peinlicher Rechtstag gehallten, vnd Sy mit
dem Schwerdt vom Leben zuem Todt gerichtet, hernach
auch der Todte Cörper zue Aschen verbrandt worden,
wie dann volgendes Decretum ergangen.

Anna Schwayhoferin, welche sich dem bösen feindt,
nachdem solcher auff drey mahliges rueffen im Mannß=
gestallt Jhr erschienen, gantz vnd gar ergeben, Jhne für
Jhren Herren angenommen, vnd auff sein begehren, die
Hochheylige Dreyfaltigkeit, die Seeligste Muetter Gottes
vnd das gantze Himmlische Heer verlaugnet, mehrmals,
der catholischen Religion entgegen, vngebeüchtet die H.
Communion empfangen, vnd zue breyen vnderschiblichen
mahlen, die H. Hostien wiederumb auff dem munde ge=
nommen, daheimb inn Jhrer Stuben auff den boden ge=
worffen, mit füeßen getretten, vnd gantz verrüben, auch
die Stuben darauf außgefeget; Nicht weniger mit hilff
deß bösen feindts vnd zauberischer Zuesetzung, ein Kindt
umbs leben gebracht, auch sonsten ein Persohn mit sol=
chen mitteln vbel zuegerichtet, solle solcher verobten schwe=
ren verbrechen halben, auff einen wagen gesetzt, zuer
richtstatt außgeführt, entzwischen aber an beeden Armen
mit glüeenden Zangen vnd zwar an iedem Arm mit
einem griff gerissen, darauff zwar auß gnaden weiln
Sy sich bueßfertig erzaigt, mit dem Schwerdt vnd blu=
tiger handt vom Leben zuem Todt hingerichtet, der Todte
Cörper aber nachmals zue Aschen verbrandt werden.
Welche Vrtel auff einkhommene starckhe fürbitt, vmb
willen Jhrer großen Leibsschwachheit vnd hohen Alters
noch weiter dahin auß gnaden gemildert worden, daß
die zween griff mit glüeenden Zangen vermitten ge=
bliben.

Actum Sambßtag den 23. Martij aᵒ. 1669.

Auf heutigen Tag ist Anna Eberlerin gewesster Kindtbettkellerin allhier, ein Peinlicher Rechtßtag gehallten, Ihr im hinaußfüehren 3 Griff mit glüecnden Zangen gegeben, vnd Sye mit dem Schwerdt vom Leben zum Todt hingerichtet, auch der Cörper zue Aschen verbrandt worden, wie dann volgendes Decretum ergangen.

Der verhafften Annae Eberlin sollen wegen güet- vnd betrohlich bekhanndter schwehrer vnd grausamer vnthaten, so Sie vor- vnd in wehrender Hexerey an getöbten Menschen vnd Vich durch beybringung vergifften Pulvers, Wettermachung, vnd in andere Weg hin vnd wieder Höchst sträfflich begangen, welcher wegen Sie den Rechten nach lebendig verbrennt werden sollte, auß genaben allein mit glüeenden Zangen am außfüehren drey Griff gegeben, vnd sie bei der Richtstatt mit dem Schwert vnd bluetiger haubt vom leben zum Todt hingerichtet, auch der Cörper zue Aschen verbrandt werden.

Actum Sambstag den 25. Octobriß aᵒ. 1670.

Auf heutigen Tag ist Regina Bartholomein ein Peinlicher Rechtßtag gehalten, vnd Sye mit dem Schwerdt vom Leben zum Todt hingerichtet, auch ihr Körper zu Aschen verbrannt worden, wie dann volgendes Decretum ergangen.

Die verhaffte Regina Bartholomein solle verübter schwehrer vnd grausammer Mußhanblungen der Hexerey halben, mit dem Schwerdt vnd bluetiger haubt vom Leben zum Todt hingerichtet, vnd Ihr Cörper zu Aschen verbrannt werden.

Actum Sambstag den 17. Novembris a⁰. 1685.

Auf heutigen Tag ist Mariae Fleckin von Wahl-stadt, Elisabetha Weberin von München, und Annae Gschwenderin bey Wasserburg im Klinger Gericht, allen 3 auß Bayrn ein Peinlicher Rechtstag gehalten, und Sye mit dem Schwerdt vom leben zum Tod hingerich-tet: dero Cörper aber offentlich zu Aschen verbrant worden, wie dann ihrethalben folgendes Decretum er-gangen.

Die verhaffte Maria Fleckin von Wahlstatt,

Elißabetha Weberin von München, und

Anna Gschwenderin bey Wasserburg im Klinger Gericht, alle drey auß Bayrn gebürtig, sollen, weiln Sye sich alß Hexen mit dem bösen Feind würklich ver-bunden, der heyligen Dreyfaltigkeit, und allen heyligen abgesaget, allerhand Gottes Lästerung in Worten und Wercken verüebet, auch mit dem bösen Gaist unmensch-liche Vnzucht begangen, und durch Feür würcklichen scha-den zugefüget, auß Gnaden mit blutiger hand durch das Schwert vom Leben zum tod hingerichtet: dero Cörper aber offentlich zu Aschen verbrant werden.

Actum Sambstag den 16. Marty a⁰. 1686.

Auf heutigen Tag ist der Euphrosinae Endreßin geborner Prüglin, hiesig, ein Peinlicher Rechtstag ge-halten, und Sye mit dem Schwert vom Leben zum Tod hingerichtet, dero Cörper aber offentlich zu Aschen ver-brennt worden, wie dann ihrenthalben folgendes Decre-tum ergangen.

Die verhaffte Euphrosina Endreßin solle wegen ihres begangenen und bekandten Kindermords, Ergebung des Teufels, und Absagung Gottes und der hailigen

Dreyfaltigkeit, mit blutiger hand durch das Schwert vom Leben zum Tod hingerichtet, dero Cörper aber offentlich zu Aschen verbrant werden.

Actum Sambstag den 25. Maij. a°. 1686.

Auf heutigen Tag ist der Apolloniae Mayrin von Maysach auß Bayrn gebührtig ein Peinlicher Rechtstag gehalten, und Sye mit dem Schwert vom Leben zum Tod auß gnaden hingerichtet, dero Cörper aber offentlich zu Aschen verbrant worden, wie dann ihrenthalben folgendes Decretum ergangen.

Die verhaffte Apollonia Mayrin von Maysach aus Bayrn, solle, das Sye ihrer bekandtnus nach sich dem Teufel auf sein begehren ergeben, ihr auf freyem Feld gebornes Kind ertrosselt, die heyl. Dreyfaltigkeit, die Mutter Gottes, und alle Heylige verlaugnet, und geläster, und mit dem Teufel Vnzucht getriben, auß Gnaben mit dem Schwert und blutiger Hand vom Leben zum Tod hingerichtet, ihr Cörper aber zu Aschen verbrant werden.

Actum Afftermontag den 2. May a°. 1690.

Auf heutigen Tag ist Annae Judithae Wagnerin, hiesig, ein Peinlicher Rechtstag gehalten, und Sie mit dem Schwert vom Leben zum Tobt hingerichtet, der Cörper aber offentlich zu Aschen verbrant worden: nach Inhalt des ihrenthalben abgefaßten Decrets:

Die verhaffte Anna Juditha Wagnerin, solle, weilen Sie sich dem bösen Feind ergeben, die Heyl. Dreysaltigkeit verlaugnet, außgefahren, denen Heren=Tänzen beygewohnt, und Teufflische Vermischung gepflogen, auch schaden an Menschen gethan, auß Gnaden mit dem Schwert und blutiger hand von dem Leben zum Tod

hingerichtet, der Cörper auf einen Scheitterhauffen ge=
worffen, und darob zu Aschen verbrannt werden.

Actum Afftermiontag den 27. July aᵒ. 1694.

Auf den heutigen Tag ist Urſula Grüenin von
Kauffbeürn ein Peinlicher Rechtstag gehalten und Sie
mit dem Schwert und blutiger hand vom Leben zum Tod
hingerichtet, dero Cörper aber auf einen Scheitterhauffen
gelegt, und zu Aſchen offentlich verbrennt worden, nach
inhalt des Jhretwegen abgefaſſten Decrets.

Die Verhaffte Urſula Grüenin von Kauffbeürn
ſolle wegen ihrer verübten Hexerey und zugefügten groſ=
ſen ſchaden an Menſchen und Vich auch anderer Ver=
brechen, da Sie ſich bußfertig erzeigen, auß Gnaden
mit dem Schwert und blutiger hand vom Leben zum
Tod hingerichtet, dero Cörper aber auf einen Scheitter=
hauffen gelegt, und zu Aſchen verbrannt werden.

Viertes Kapitel.

Ein merkwürdiger Hexenprozeß vom Jahre 1775;
begonnen im Stifte Kempten den 6. März 1775 und
beendigt den 11. April 1775.

So viel wir wiſſen, der letzte Hexenprozeß in
Bayern, wobei wir aber die Richter ſo befangen finden,
daß man ſich wundern muß, wie ſolche Leute nicht noch
viele Entdeckungen für Juſtizmorde gemacht haben.

Nach genauer Durchleſung des uns freundlichſt
mitgetheilten und vor uns liegenden großen Acts geben
wir zuerst den einfachen hiſtoriſchen Kern, um welchen
das zuletzt blutige Drama geſponnen worden.

Eine arme Söldners= oder Tagwerkerstochter, Anna

Maria Schwägelin von Lachen, hatte frühe ihre
Eltern verloren und mußte ihr Brod mit Dienen er-
werben. Im Dienste eines protestantischen Hauses
knüpft der Kutscher des Herrn ein Verhältniß mit ihr
an und verspricht ihr die Ehe unter der Bedingung,
daß sie den katholischen Glauben verlasse und lutherisch
werde. Dieß vollzog Schwägelin in Memmingen in
einem Alter von ungefähr 30—36 Jahren (sie wußte
im Verhör ihr Alter nur dahin zu bestimmen: sie sei
in den 30 oder nahe bei 40 Jahre alt). Nichts desto
weniger ließ sie der Kutscher sitzen und heirathete eine
Wirthstochter von Berkheim. Alterirt und im Gewissen
beunruhigt beichtete sie die Sache einem Augustiner-
mönche in Memmingen, der ihr gesagt: „Es sei nun-
mehr genug, daß sie es gebeichtet und eine wahre Reue
dagegen bezeuge, und habe nicht nöthig, daß sie wieder-
um neuerdingen eine Glaubens-Bekenntnuß ablege, wann
sie auf diesem Vorsatz beharre.“

Bei ihrer Conversion in der Martinskirche zu
Memmingen habe sie die Schwörfinger aufheben und
sagen müssen, daß sie auf dem lutherischen Glauben beharren wolle und daß die Mutter Gottes und die Heiligen ihr nicht helfen können. Die Mutter Gottes sei
nur eine Kindelwäscherin und als wie ein anderes Weibs-
bild gewesen. Die Bilder von denen Heiligen seien nichts
als zur Gedächtniß, keineswegs aber, daß man diese
verehren solle. Gott allein könne ihr helfen, sonst Niemand. Da aber oben gemeldeter Augustiner in Memmingen wenige Tage nach der Beichte der Schwägelin
apostasirte, so ward sie wieder unruhig und meinte, sie
sei von diesem Geistlichen wohl nicht richtig absolvirt.

Hierauf will sie die Sache einem Kaplan gebeichtet haben, der sie nicht absolvirt, sondern gesagt habe, der Fall müsse nach Rom berichtet werden. Aber alsbald sei der Kaplan auf einen anderen Dienst gekommen und also die Sache liegen geblieben.

Zwischen Reue und Schaam scheint sie ihr Anliegen bald genau, bald ungenau, bald gar nicht gebeichtet zu haben, wodurch ihr natürlich Gewissensvorwürfe entstanden, da sie in der Regel des Jahres öfters gebeichtet und communicirt, somit einen Gottesraub begangen habe. Sie irrte von Dienst zu Dienst und wurde, wie es scheint als brodlose, vagirende und wahrscheinlich körperlich und geistig leidende Person in das fürstlich Kempten'sche Zuchtschloß Langenegg (dessen Ruinen zwischen Kempten und Immenstadt noch zu sehen sind) gebracht, wahrscheinlich aus dem Leprosenhause in Günzburg, wo sie auch eine Zeit lang war.

Dort ward sie in Pflege und Aufsicht einer an=erkannt geisteskranken Person, Namens Anna Maria Kuhstaller, für wöchentlich 42 kr. aus der Herr=schaftskasse gegeben. Nach Aussage der Schwägelin ward sie von der Kuhstaller sehr schlecht gehalten, elend gefüttert, oft Tage lang gar nicht, mißhandelt und ge=schlagen. Gewiß ist, daß sie so leidend an den Füßen und Händen wurde, daß sie nicht mehr gehen und stehen und keine Hand mehr erheben konnte.

Die Wärterin soll aus Eifersucht ihre Pflegbe=fohlene so mißhandelt haben, weil sie befürchtet, sie mache ihr den Zuchtmeister abspännstig.

Dagegen gab die Kuhstaller an, sie habe der Schwä=gelin nur zweimal mit einem Stricke etliche Hiebe ge=

geben, weil sie gelogen habe und boshaft gewesen sei. Essen habe sie ihr richtig und genug gegeben, so gut als sie es habe auftreiben können, was der Zuchtmeister Klingensteiner als wahr bezeugte.

In ihrem Unmuthe sagte einmal die Schwägelin, sie möchte lieber beim Teufel als in einer solchen Pflege sein. Das benützte die Kuhstaller und brachte nun vor Gericht vor: Die Schwägelin habe ihr einbekannt, daß sie mit dem Teufel Unzucht getrieben und Gott und allen Heiligen habe absagen und auf jene Weis und Art verschwören müssen, wie ihr es der Teufel vorgehalten hätte. Auch habe sie die Schwägelin manchmal laut lachen und mit Jemand sprechen gehört, während doch Niemand bei ihr gewesen sei.

Diese Anzeige genügte, weil der Zuchtmeister sie bestätigte, die unglückliche, ganz gebrechliche Person „ablosungsweise auf der sogenannten Bettelfuhr" am 20. Februar nach Kempten in die Gefangenschaft führen zu lassen. Die Verhandlung ward erst am 8. März begonnen, aber so emsig betrieben, d. h. die Beschuldigte so fleißig inquirirt, daß ihr das Todesurtheil schon im nächsten Monat publicirt werden konnte!

Wie ward dieß möglich? Einzig und allein durch eine elende, verwirrende und moralisch nöthigende Inquisition, bei der freilich keine Folter in Anwendung kam: sie reichte an und für sich aus.

Vom 20. Februar bis 6. März hatte man nichts zu thun, als sie durch den Eisenmeister beobachten zu lassen, der auf Befragen über das Betragen der Inquisitin deponirte: In der dritten Nacht ihrer Anwesenheit im Kerker habe man im Gefängnißofen ein Geräusch gehört, als ob etwas vom Ofen herabgefallen wäre. Er habe es nicht gehört, sondern es sich von einem anderen Gefangenen erzählen lassen. Aber er und seine Schwester haben gehört, wie ihre Enten im Stalle geschrieen, und gesehen, wie sie sehr unruhig gewesen und zwar Nachts zwischen 2 und 3 Uhr. Nachher habe man nichts mehr gespürt und gehört.

Er, der Eisenmeister, habe die Schwägelin gefragt, ob sie wisse, warum sie in Gefangenschaft geführt worden? Worauf sie geantwortet: Ja; sie hätte gesagt, daß sie Gott und allen Heiligen abgeschworen und mit dem Teufel Unzucht getrieben habe; aber das habe sie zur Kuhstallerin nur gesagt aus Furcht; sonst hätte diese sie geschlagen. (Diese wollte sie als Hexe anklagen und erzwang das Geständniß mit Drohungen und Schlägen!)

Klingensteiner's Schwester, Maria Anna, deponirt: der Hergang mit den Enten sei richtig und diese haben sonst nie so geschrieen. „Uebrigens sei die Inquisitin nicht nur an beeden Füßen so eingezogen, daß diese nicht einmal auf einen Stuhl, sondern immer auf dem Boden leien muß, wie denn auch ihre Händ ebenfalls ziemlich verdreht seien."

Nach dieser lächerlichen Voruntersuchung wurde die Schwägelin vernommen. Personalien — Erzählung ihres Abfalls vom Glauben, ihrer Behandlung von Seite der Kuhstallerin ganz wie oben; nur setzte sie im Verhöre bei: Sie habe der Kuhstallerin geklagt, daß die Maden ihr die Fersen allerdings auffressen, sie solle doch machen, daß man ihr dießfalls ein Mittel verschaffe, worüber diese geantwortet: ihr Hurenjäger, worunter sie den Zuchtmeister vermeinet, werde ihr schon etwas geben. Auf ihre Klage über schlechte Kost habe sie von der Kuhstallerin Schläge bekommen unter Vermelden, sie habe Erlaubnuß von der gnädigen Herrschaft, sie zu züchtigen.

Immer bezüchtigt, sie habe mit dem Teufel zu thun, habe sie aus Furcht vor Schlägen und lauter Maßleibigkeit solches zugegeben und auf Anbringen habe sie zuletzt auch dem Zuchtmeister erzählt, vor beiläufig 5 oder 6 Jahren sei der Teufel in Gestalt eines Jägers ihr in dem Harth ohnweit Memmingen begegnet, mit dem sie sich versündigt habe. — Sonst wisse sie nichts anzugeben.

Zweites Verhör am 8. März. Inquisitin bleibt dabei, daß sie nur aus Furcht und Angst der Kuhstallerin und dem Eisenmeister die Geschichte mit dem Teufel erzählt habe, um Ruhe zu bekommen und weil er ihr versprochen, ihr behülflich sein zu wollen, daß sie von Langenegg wegkomme. Trotzdem wurde diese ihre Aussage als glaubwürdiges Geständniß angenommen und Inquisitin mit solchen Suggestivfragen bestürmt, daß sie verwirrt auf die Idee eingieng und die lächerliche Aussage mehr und mehr ausspann oder vielmehr spinnen ließ; wie z. B. der Teufel habe ihr zuletzt gesagt, daß er der Teufel sei. Hierauf geht das Verhör auf das Lutherischwerden u. s. w. über, und wird das Abschwören in der Martinskirche zu Memmingen zum Abschwören von dem Teufel. — Zur Unzucht mit dem Teufel im Werke sei es nicht gekommen und sie könne es nicht anders sagen, auch wenn sie sterben müßte.

Was ihr der Teufel versprochen? Er wolle ihr

Zeug (Sachen) genug geben. — Lange drängt sie die
Untersuchung zum Geständnisse, daß sie oft mit dem
Teufel Unzucht getrieben habe: stets verneint sie es und
bleibt dabei, ihre Aussage gegen den Zuchtmeister habe
sie aus Angst und Furcht gemacht.

Drittes Verhör am 9. März. Das Verhör be=
ginnt wieder mit dem Lutherischwerden und kommt so=
dann auf ihre Behandlung in Langenegg. Inquisitin
bleibt fest und genau bei ihren früheren Aussagen.
Frage 80—96: wo sie nach einander sich aufgehalten
und wie lange. Inquisitin zählt nach Ort und Zeit
eine Menge Dienste und Aufenthaltsorte genau auf.
Wieder geht es über das Lutherischwerden und die Un=
zucht mit dem Teufel her. Sie bleibt bei ihren früheren
Aussagen: gesteht aber endlich zu, der Teufel habe ein=
mal Unzucht mit ihr getrieben und sie 2 Finger auf=
heben lassen, damit sie dasjenige halten wolle, was sie
ihm verspreche (ihm zu dienen).

Nun ward in sie gedrungen mit den besten Wört=
chen, doch zu gestehen, daß sie mit dem Teufel vollkom=
men Unzucht getrieben. Weinend gestand sie nun: „Ja,
es sei dem also, und fragt anbei: es werde ihr ja das
Leben nicht kosten?“

Davon sei, antwortete man ihr, dermalen nicht die
Rede und sprach ihr wieder eindringlich zu, Alles zu
gestehen. Und nun gesteht sie, der Teufel habe wirklich
Unzucht mit ihr getrieben, was sie früher stets in Ab=
rede gestellt und gedrängt später (im 3. Verhöre) nur
zugegeben hatte, es sei ihr nur im Traum so vorge=
kommen.

Und nun geht es an ein so schamloses Inquiriren,

um diese Unzucht nach allem Detail zu eruiren, daß
die arme Angeklagte selber nicht weiß, was sie antwor=
ten soll: man sieht, daß sie so Etwas noch nie gehört
hatte. Dieß ist auch der Grund, warum wir das merk=
würdige Protokoll nur im Auszuge geben konnten.

Man darf jedoch nicht meinen, der Verhörrichter
sei sittenlos gewesen. Nein; er war längst belehrt, was
sich Alles bei der Unzucht mit dem Teufel zeigen mußte
und ruhte nicht, bis sein Justizopfer angab, was er in
sie hineingelegt und aus ihr heraus gepreßt hatte.

Verhör der Kuhstallerin, die über das Schlagen
Auskunft gibt und anzeigt, wie sie einmal gehört, daß
die Schwägelin zum Teufel gesagt habe: es komme Je=
mand, er soll in ihre Truche fahren.

Verhör am 10. März. Inquisitin versichert, sich
nur einmal mit dem Teufel auf der Harth versündigt
zu haben. Im Schlafe sei es ihr 2—3mal nur so
vorgekommen. Sie klagt: „es werde ihr so wehe und
könne schier nicht mehr schnaufen; heute Nacht habe sie
gemeint, sie müsse sterben, indem es ihr so schwer auf
dem Herzen gewesen.“ — Hierauf wird ihr erwiedert:
„Ihr dermaliger Zustand, den sie dato anzeige, werde
wohl je und allein daher rühren, dieweilen sie dem
Anscheinen nach bisher keine aufrichtige Bekanntnuß
gethan habe. Sie solle daher ihre Sach aufrichtig be=
kennen.“ — Abermals Frage auf Frage über die Sa=
tanswohllust und warum sie den Teufel Hannes ge=
heißen habe!

Fragen über ihre Beichten, ihr Lutherischwerden,
wobei sie genau bei ihren früheren Antworten bleibt.

Endlich dahin gebracht, daß sie bekennt, der Teufel

habe alle Nacht mit ihr Unzucht getrieben, geht sie nun auf dieselben schamlosen Fragen, über die sie oben sichtbar verdutzt war, ein, und beantwortet sie ganz im Sinne des Inquirenten. — Abermaliger Zuspruch zu aufrichtigem Geständnisse und nun bekennt sie, offenbar erschöpft oder verwirrt, einen Unsinn nach dem andern, wie man ihr ihn vorlegt. — Hierauf viele Fragen über ihr Beichten und Communiciren.

Verhör mit Klingensteiner, der angibt und beschwört, daß die Schwägelin einmal Weihwasser verlangt, aber gemerkt und gesagt habe, es sei nur Brunnenwasser (was sie natürlich nur mit Hülfe des Teufels wissen konnte!). — Abermals Verhör über ihr Lutherischwerden und ihre Beichte bei dem Augustiner, wobei sie genau angibt, was sie schon öfter deponirt hatte.

Ganz unverschämt wird nun mit Einemmale im Verhöre von einem Pact mit dem Teufel gesprochen, den die Angeklagte eingegangen, als von einer ganz ausgemachten und von ihr längst bekannten Sache, während der Richter, wie man aus seinen Schlußreferaten sieht, wohl weiß, wie erschwerend dieser Punkt für sein Opfer ist, das in seiner Unwissenheit arglos auch in diese Falle geht. Die Frage 221 lautet so:

„Sie habe ad interrog. 166 gesagt, daß sie erst in 2 Jahren darnach, wie sie lutherisch worden sei, diesen Pact mit dem Teufel gemacht habe?"

Die Frage 166 aber lautet so: „Wie lang es angestanden, daß nachdem sie lutherisch worden, sie hernach Gott und alle Heilige verleugnet, und sich dem Teufel zugeeignet?"

Auch diese Frage ist eine Suggestivfrage; doch

enthält sie nichts von dem Pact, den Frage 221 voraussetzt. — Nun gesteht sie, daß sie 2 Pacte mit dem Teufel gemacht.

Fr. 235. „Sie habe ad interr. 171 gesagt, daß der Teufel mit ihr alle Nacht Unzucht getrieben habe. Ob sie bei diesem verbleibe? R.: „Sie müsse es nur in Angst und Furcht das letztemal bekennet haben. So lang sie bei dem Schwanenwürth alleinig in der Kammer gelegen, möchte sie bei 3 oder 4mahl mit disem Unzucht getrieben haben."

Weiter inquirirt, gibt sie unter Weinen wieder zu, sie habe alle Nacht mit dem Teufel Unzucht getrieben. Wieder die früheren schamlosen Fragen. Sodann Vorwürfe über ihre sacrilegische Beichten und Communionen, worauf sie nur sagt: „Seyen halt Sünd auf Sünd."

Wiederholung alter Fragen z. B. über den Teufel in ihrer Truche. Fr. 279. Ob Inquisitin Niemanden einen Schaden zugefügt, so lange sie mit dem Teufel den Pact habe? R.: Nein.

Fr. 280. Ob der Teufel niemahlen von ihr was anderes verlanget, als die Unzucht? R.: Sie wisse sonsten nichts anderes.

Fr. 281. Ob Er von ihr niemahlen verlanget, daß sie denen Leuthen oder dem Vieh schaden solle? R.: Niemals.

Fr. 282. Weilen sie dann gesagt, daß der Teufel ihr versprochen, ihr Zeig genug zu geben, wan sie ihme diene und anlobe, so wolle man von ihr vernehmen, ob sie was von disem bekommen? R. Nichts habe sie von diesem bekommen.

Fr. 284. Sie solle nochmalen sagen, in was Ge=

ſtalt der Teufel jederzeit zu ihr gekommen und Unzucht getrieben? R. Bald wie ein Jäger, bald wie ein halb= gewachſener Bauernknecht.

Fr. 285. Ob ſie alſo dabei verbleibe, daß ſie aus Armuth und Verlaſſenheit den Pact mit dem Teufel ein= gegangen, dieweilen diſer ihr verſprochen, Zeig genug zu geben? R.: Ja, aus Armuth und Verlaſſenheit ſeye ſie hinter den Teufel gerathen.

Fr. 286. Ob ſie auch dabei verbleibe, daß ſie den katholiſchen Glauben derentwillen abgeſagt, in der Ab= ſicht, ſich mit des reichen Künners Gutſcher verheurathen zu können? R.: Ja.

Fr. 287. Ob ſie auch bei diſem verbleibe, daß ſie mit dieſem Unzucht getrieben? R. Nur ein einziges mahl.

Hiemit war man fertig, d. h. die Inquiſitin wurde ad Relationem genommen.

Am 7. April ſummariſcher Vorhalt über die frü= heren Geſtändniſſe, d. h. Inquiſition ad Bancum Juris von Frage 288—322 — der alte Kohl und durchweg Ja und Zugeſtändniß von Seite der Unglücklichen.

Am 8. April 1775 ward ihr das Todesurtheil und deſſen Vollſtreckung „auf künftigen Erchtag" angekün= bigt. „Facta publicatione hat die Inquiſitin ſehr heftig geweint, inzwiſchen aber kein Wort geſagt."

Endlich das „Gutachten." Ein ganz erbärmliches Actenſtück. „Daß ad crimen laesae Majestatis divinae zu referiren ſeye, das Crimen Magiae iſt außer allem Zweifel geſetzet." Worauf gelehrt ſein ſollende Citatio= nen aus Gobelmann, Weſenbec, Damhaub und natürlich dem unvermeidlichen Ketzerſchmecker Carpzov folgen, um

bar zu thun, daß Schwägelin 2mahlen **Pactum ex-
pressum** mit dem bösen Feind contrahirt u. s. w. „Was
aber für eine Todes-Straf hierinfalls platz greiffe, scheint
unter den Criminalisten ganz zerschieben zu seyn, aner-
wogen einige die **poenam ignis**, andere hingegen poe-
nam gladii statuiren" (nach Art. 109 der peinlichen
Halsordnung Kaiser Karl V.). — Wieder juridische
Deductionen und Citationen, bis nach Art. 104 jener
Halsordnung für den Tod durch das Schwert entschie-
ben wird. Stift Kempten den 30. Martii 1775.

Treichlinger, Hofrath und Landrichter.

„Ich conformiere mich durchgehends mit dem statt-
lich ausgeführten **voto** des H. Referenten

finde Ebenmäßig keinen anstand **ex deductis** mich
mit H. Referenten vollkommen zu conformiren.

S. M.

Feiger, Hofrath.

m. pria.

Conformire mich durchgehends mit dem **voto** des
H. Referenten.

S. M.

Hofrath Leiner.

fiat Justitia

Honorius, Fürstbischof.

Den Schluß der Acten bilden die **Urgicht** und
Urthl vom 11. April 1775.

Bey-Urthl.

Auch ist zu Recht erkannt worden, daß, wer der
armen Sünderin Todt rächen oder hindern wurde, in
deßen Fußtapfen gestellt werden solle. —

Aus diesem Prozesse geht unwiderleglich hervor, daß, wenn der Teufel mit im Spiele war, wir ihn in den Anklägern und Richtern und nicht in der Mißhandelten und Verurtheilten suchen müssen.

Verwirrt ist Alles, verwirrt wird endlich auch die Angeklagte und der psychologische Gang zeigt, wie der Wahn geglaubt ward, in der Seele der Unglücklichen zur That sich steigern ließ und das Vorurtheil der Zeit ganz unbedenklich zum Justizmorde drängte. — Und das ereignete sich und war möglich im letzten Viertel des 18., vulgo aufgeklärten und philosophischen Jahrhunderts!

Die hier mitgetheilten Dokumente verbreiten über die Zeit von 1518 bis 1775 ein Licht über die Hexenprozesse, das unserer Ansicht vollkommen zu gut kommt.

Noch weitere Dokumente vorzuführen, halten wir für überflüssig. Denn so viele wir auch lasen, so bestärkten sie uns alle in unserer Ansicht, jene sogenannten Hexereien und Prozesse stehen zu einander in einer Wechselwirkung und seien das Produkt eines Zeitwahns. Ihn erkennen heißt ihn besiegen.

Zwischen unbedingtem Fortschritte und ängstlichem Stillstande steht die besonnene Forschung.

———